Gustave Flaubert

Briefe aus dem Orient

Reiseblätter

„Der junge Flaubert machte seinen Eltern keine Freude. Lesen und Schreiben waren seine Leidenschaft, da blieb für strebsames Lernen wenig Zeit. Nur auf Drängen seines Vaters nahm er ein Jurastudium auf, unternahm in jenen Jahren jedoch auch größere Reisen mit seinem Freund Maxime Du Camp, deren vorläufig letzte die beiden Gentleman 1850/51 auf den Spuren Chateaubriands und Lamartines in den Vorderen Orient führte. Ägypten beeindruckte die jungen Männer nachhaltig.“ *Redaktion Gröls-Verlag* (Edition I Werke der Weltliteratur)

Redaktionelle Hinweise und Impressum

Das vorliegende Werk wurde zugunsten der Authentizität sehr zurückhaltend bearbeitet. So wurden etwa ursprüngliche Rechtschreibfehler regelmäßig *nicht* behoben, denn kleine Unvollkommenheiten machen das Buch – wie im Übrigen den Menschen – erst authentisch. Mitunter wurden jedoch zum Beispiel Absätze behutsam neu getrennt, um den Lesefluss zu erleichtern.

Wir sind bemüht, ein ansprechendes Produkt zu gestalten, welches angemessenen Ansprüchen an das Preis/Leistungsverhältnis und vernünftigen Qualitätserwartungen gerecht wird. Um die Texte zu rekonstruieren, werden antiquarische Bücher von leistungsfähigen Lesegeräten gescannt und dann durch eine Software lesbar gemacht. Der so entstandene Text wird von Menschen gegen eine Aufwandsentschädigung gegengelesen und korrigiert – Hierbei können gelegentlich Fehler auftreten. Wenn Sie ebenfalls antiquarische Texte einreichen möchten, wenden Sie sich für weitere Informationen gerne an

www.groels.de

Informieren Sie sich dort auch gerne über die anderen Werke aus unserer

Edition | Bedeutende Werke der Weltliteratur

Sie werden es mit 99,052 %iger Wahrscheinlichkeit nicht bereuen.

Die Deutsche Nationalbibliothek verzeichnet dieses Werk in der Deutschen Nationalbibliografie.

Verleger: Marcel Hermann-Josef Gröls, Poelchaukamp 20, 22301 Hamburg.
Externer Dienstleister für Distribution und Herstellung: BoD, In de Tarpen 42, 22848 Norderstedt

Inhaltsverzeichnis

An Parain.

Croisset, Samstagabend.

Ich habe Dir eine große Neuigkeit mitzuteilen, mein lieber Onkel (es ist nicht meine Heirat): ich reise im nächsten Oktober mit Du Camp nach Ägypten, Syrien und Persien. Mein Gesundheitszustand, der nicht besser, sondern im Gegenteil schlimmer wird, hat mich gezwungen, in Paris M. Cloquet zu einer Konsultation aufzusuchen, und er hat mir sehr zu den heißen Ländern geraten. Wenn Du kommst, werde ich Dir das alles ausführlich erzählen; ich habe Dir viel darüber zu sagen. Euch werde ich während meiner Abwesenheit, die fünfzehn bis achtzehn Monate dauern wird, meine arme Mutter empfehlen. Meine Mutter will ihr Haus in Rouen vermieten, denn sie beabsichtigt, einen guten Teil dieser Zeit in Nogent zu verbringen. Das ist auf jede Weise das beste, was sie wird tun können.

Bis zu meiner Abreise sind wir, meine Mutter und ich, darin übereingekommen, über diese Reise kein Wort mehr zu reden, und zwar aus zwei Gründen; der erste: es ist unnütz, sich im voraus zu quälen und schon vorher seine Betrübnis zu erregen; der zweite: da ich meinen verfluchten Heiligen Antonius noch nicht fertig habe (denn er ist immer noch am Leben, der Schlingel! obgleich ich darüber mager werde), so würde mich das stören und am Arbeiten hindern. Du weißt, alter Kamerad, der Gedanke, ich soll aufgestört werden, stört mich auf, und davon habe ich gerade genug, ganz abgesehn vom Orient, der hinter meinem Tische tanzt, und von den Glöckchen der Dromedare, die mir lauter als der Lärm meiner Phrasen in den Ohren klingen. Obgleich also diese Reise beschlossen ist, spricht man hier kein Wort davon, verstehst Du?

Der Sieur Du Camp und ich, wir haben uns ausgerechnet, daß unsere Mittel uns sehr reichlich erlaubten, einen Diener zu nehmen, was beinahe unentbehrlich ist. Wir brauchen einen moralisch wie physisch soliden, intelligenten und lebhaften Burschen, der Anstrengung gewöhnt ist und ein Gewehr zu handhaben weiß. Ich habe an den jungen Leclerc gedacht, dessen letzter Streich mich in der guten Meinung, die ich von ihm hatte, nur bestärkt hat. Wenn man ihn wiederfände, meinst Du, er möchte mitkommen?

Glaubst Du, die Wahl ist gut? Falls er gegenwärtig in Nogent ist, würde ich Dir noch einmal schreiben, um meine Bedingungen anzugeben; wenn er in Paris ist, ist es möglich, seine Adresse zu bekommen? Im letzteren Fall müßte er Du Camp aufsuchen. Denke daran, bitte.

Ich habe bei M. Walkenaer eine in einen Oktavband zusammengefaßte Bibel gesehen, deren Verleger und Erscheinungsjahr ich wissen möchte. Wenn Bonenfant obgenannten Bürger aufsucht, so wäre ich ihm sehr verbunden, wenn er mir diese Auskunft verschaffte. Und Du, alter Bursch, hast Du immer noch Angst vor der Cholera? Ich weiß nicht, ob sie in Rouen auftritt, aber man redet kaum davon. Ich glaube, Du könntest Dich ohne Gefahr hinwagen. Im übrigen will ich Dir keinen Rat geben, damit Du Dir nicht bei der geringsten Kolik, die Dich anfällt, einbildest, Du müßtest sterben; aber trotzdem habe ich große Lust, Dich zu sehen, dessen sei versichert.

Adieu, lieber, alter Onkel, ich umarme Dich, wie ich Dich liebe.

****

An denselben.

Croisset, Samstagabend.

Ich danke Dir, mein wackerer Vater Parain, für die Eile, mit der Du die Sache Leclerc betrieben hast. Um gleich zu Ende zu kommen, mag er erfahren, woran er sich zu halten hat, und Du auch. Hier folgen unsere Bedingungen: er muß uns überall begleiten, darf uns nicht verlassen und muß uns pünktlich gehorchen.

1. Er wird, wenn wir unterwegs sind, morgens und abends unser Zelt auf- und abzuschlagen haben, was ihn nach drei Tagen, bis er sich daran gewöhnt hat, keine fünf Minuten mehr kosten wird.

2. Er wird für unsere Waffen sorgen, sie laden, sie säubern etc., ebenso für die Überwachung unserer Pferde und unseres Gepäcks, das besonders seiner Obhut unterstehen wird.

3. Er wird uns die Kleider und Stiefel bürsten und die Küche besorgen, was sich darauf beschränken wird, daß er uns Fleisch kocht (wenn wir welches haben) oder Eier, daß er Geflügel ausnimmt und rupft (das wird für gewöhnlich nur auf dem Lande in Frage kommen).

4. Er wird das Kostüm tragen, das wir für passend erachten werden, ihm zu geben. Da man im Ausland nur nach der Schätzung geschätzt wird, die man sich selber beilegt, so ist das von Wichtigkeit.

Das werden seine Hauptaufgaben sein. Im übrigen muß er im voraus entschlossen sein, alles zu tun und nie wie die gewöhnlichen Dienstboten zu sagen: das ist nicht meines Amtes, das geht über meine Verpflichtungen hinaus.

Jetzt muß er noch zu seiner Richtschnur wissen: 1. Es kann Gefahr verschiedener Natur geben, Entbehrung notwendiger Dinge, übermäßige Hitze, schlechte Kost sehr häufig, Krankheiten, Flintenschüsse, Seekrankheit etc. (die größte Vorsicht ist so gut für ihn wie für uns geboten: irgendein Übermut seinerseits könnte uns schlimme Dinge zuziehn).

2. Der Weibchen wird er völlig oder fast völlig beraubt bleiben; wollte er seinem Gelüste nachgeben, so liefe er Gefahr, daß man ihm und uns dazu den Hals abschneidet.

3. Ebensowenig wird er Wein und Branntwein erhalten, Kaffee dagegen mehrmals am Tage (auf dem Lande) und Tabak, soviel er will; den werden wir ihm liefern.

Im übrigen wird er wie wir reiten, wird von Kopf zu Fuß bewaffnet sein und wird Wild jeder Art, von roten Rebhühnern an bis zu Löwen und Krokodilen, zu töten haben. Unterwegs wird das sogar seine Hauptbeschäftigung bilden. Wenn er etwas nötig hat, werden wir es ihm geben, und wir werden für all seine Bedürfnisse sorgen. Kurz, er wird in allem unsere Lebensweise teilen. Bonenfant soll so liebenswürdig sein, soweit es in ihm liegt und Leclerc es begreifen kann, und ihn ein wenig darin einweihen, was es um eine solche Reise ist, damit er sich eine Vorstellung davon macht und uns nicht später vorwirft, wir hätten ihn getäuscht. Ist er einmal bei uns, so gibt es kein Zurück mehr und kein Heimweh nach Courtavant, dann muß er bis zum Schluß aushalten.

Was seinen Lohn angeht, so werden wir fünfzehn bis höchstens achtzehn Monate fort sein. Wir werden ihn nächsten ersten September in Dienst nehmen, und bei der Rückkehr werden wir ihm 1500 Franken hinzählen. Wenn er lieber seiner Frau von vornherein 500 Franken dalassen will, so steht ihm das frei. Er mag überlegen; es wird Zufälle geben, Abenteuer, viel Anstrengung, ein wenig Gefahr und sehr viel spaßhafte und für ihn neue Dinge.

Ich vergesse einen letzten Punkt, mein lieber Onkel; Du sagst mir, der Bursche sei ein ganz klein wenig eitel; er wird uns gegenüber (vor allem in Gegenwart von Fremden) im Interesse unserer Sicherheit den allergrößten Respekt bewahren müssen. Er wird, wohl verstanden, auf dem zweiten Platz reisen und auf freiem Felde an der Tür unseres Zeltes schlafen. Im übrigen wird es ihm passieren, daß er Leute unter seinem Befehl hat. Wenn wir in Syrien Bedeckung nehmen, wird er der Hauptmann sein. Falls er annimmt, muß er sich bis dahin im Reiten und im Schießen während des Reitens üben. Wenn er kann, mag er sogar rasieren lernen, das wird nicht unnütz sein.

Ich habe keinen Platz mehr, mein lieber, alter Kamerad, um Dir zu sagen, daß wir Dich erwarten. Adieu, alter Kerl, umarme all die Deinen für mich.

****

An denselben.

Croisset, Freitagabend.

Heute morgen, mein lieber Onkel, habe ich einen Brief von Leclerc erhalten, von dem ich nichts verstanden habe. Statt mir ja oder nein zu schreiben, ob er die Bedingungen annimmt, die ich ihm in meinem letzten Brief an Dich stellte, kommt er mir mit vielen Beteuerungen und Klagen. Ich glaube, sein Wunsch ist, daß Du ihn wieder als Wärter nimmst. Es scheint, er fleht meine Vermittlung dazu an. Wenn es Dir recht ist, so tätest Du freilich gut, ihm seinen Streich zu vergeben und ihn in sein Amt wiedereinzusetzen. Er sagt mir, er suche Dich nicht auf, denn er würde doch nur weinen und nicht wissen, was er sagen soll. Er macht den Eindruck eines niedergeschlagenen und sehr gedemütigten Mannes. Bei all dem weiß ich nicht, ob er mit mir in den Orient kommen will. Aber nun kommt ein weiterer Zwischenfall: Du Camp hat, ich weiß nicht wo, einen prachtvollen Burschen entdeckt, einen Korsen, einen ehemaligen Soldaten, der schon in Ägypten gewesen ist und nach dem, was er mir schreibt, ein famoser Draufgänger zu sein scheint. Er neigt ebensosehr zu ihm, wie ich zu Leclerc neige. Die Wahl eines Dieners für eine solche Reise ist eine zu ernste Sache, um sie auf leichte Hand zu entscheiden. So werden wir unsere Wahl erst treffen und dem einen oder dem andern unser Wort erst geben, nachdem ich Sassetti (so heißt der Ex-Füsilier) gesehen habe, und er, Du Camp, Leclerc. Wenn also Meister Leclerc unter den Bedingungen reisen will, die ich Dir geschrieben habe, so wird er gut daran tun, Dupont bis Paris zu begleiten, wenn er sich auf den Weg macht, und auf die Place de la Madeleine 30 zu gehen, um mit meinem Gefährten zu reden, damit er ein Urteil hat.

Wohl verstanden, ich zahle diese kleine Reise, deren Kosten nicht groß sein können; Du selber sollst sie festsetzen, bitte, lieber Onkel.

Das ist also die Sachlage, wie man in der Politik sagt. Je eher Leclerc sich Du Camp zeigt, um so eher werden wir über den Mann entscheiden, den wir mitnehmen werden. Du Camp soll mir seinerseits dieser Tage Sassetti schicken. Im übrigen nichts Neues, lieber alter Kerl. Ich arbeite immer noch wie zehn Neger an meiner Versuchung. Ich habe noch auf zwei gute Monate Arbeit daran. Das und die Reise am Horizont, Du siehst, es fehlt mir nicht an Dingen, die mir im Kopf herumgeht!

Adieu, ich umarme Dich und alle da unten.

****

An seine Mutter.

Paris, 26. Oktober 1849, 1 Uhr morgens.

Du schläfst jetzt ohne Zweifel, liebe, arme alte Mutter. Wie hast Du heut' abend weinen müssen, und ich auch, o! Sag' mir, wie's Dir geht, verbirg mir nichts; bedenke, arme alte Mutter, daß es mir furchtbare Gewissensbisse bereiten würde, wenn Du zu sehr unter dieser Reise littest. Max ist ganz wohl, sei ohne Furcht. Ich habe meine Pässe bereit gefunden. Alles ist wie auf Röllchen gegangen, das ist ein gutes Zeichen. – Adieu, dies ist der erste Brief, die anderen werden bald folgen. Morgen werde ich Dir einen längeren schicken? und Du? schreibe mir Bände, schreibe Dich aus.

Adieu, ich umarme Dich mit ganz von Dir vollem Herzen. Tausend Liebkosungen.

****

An dieselbe.

Paris, Freitag, d. 26. Oktober 1849.

Ein Tag vergangen, arme alte Mutter, und das ist ohne Zweifel der schlimmste. Wie hast Du Dich heute langweilen müssen! Ich stelle mir Deine gute nachdenkliche Miene vor ... Ich erwarte morgen früh einen Brief von Dir ... Es ist fest abgemacht zwischen Max und mir, wenn wir Ägypten nur erst gesehen haben und wir fühlen uns ermattet, oder wenn mich die Sehnsucht nach Dir faßt, oder wenn Du mich zurückrufst, so kehre ich um; also quäle Dich nicht im voraus, sei ohne Furcht; mir scheint, die Lust, Dich wiederzusehen, würde mich über alles hinweg zurücktreiben. Oh! wie ich Dich bei der Rückkehr umarmen werde, arme alte Mutter.

****

An dieselbe.

Paris, Montag, d. 29. Oktober.

Alles ist bereit – wir reisen ab – es ist schönes Wetter, ich bin eher lustig als traurig, eher heiter als ernst – die Sonne glänzt, ich habe das Herz voll Hoffnung. Das Diner gestern mit Gautier und Bouilhet ist reizend gewesen. Als ich ihm heute morgen Adieu sagte, bin ich nicht so bewegt gewesen, wie ich gedacht hatte. Meine Abschiedssensibilität ist übrigens schon bei Dir, arme Geliebte, bis auf den Grund ihres Sacks ausgeleert worden. Adieu, liebe alte Mutter; Gautier hat gestern in meiner Gegenwart die Meinung vertreten, die auch die meine ist: "nur die Bürger krepierten". Das heißt, wenn man etwas im Bauch hat, so stirbt man nicht, ehe man niedergekommen ist. Adieu – guten Mut, ich umarme Dich so eng wie möglich. Adieu!

****

An dieselbe.

Lyon, 31. Oktober.

Wir kommen eben an. Das Wetter ist sehr schön, aber kalt. Uns geht es beiden gut, und die Laune ist dementsprechend.

Mir ist, arme Mutter, als seien es zehn Jahre her, seit wir uns gesehen haben. Von Marseille aus werde ich Dir einen längeren Brief schreiben.

Wir brechen morgen früh um vier Uhr auf, wir werden noch abends in Marseille sein, wenn uns nicht der Nebel zwingt, unterwegs zu schlafen. Adieu, Du wirst, hoffe ich, mit dieser kleinen Überraschung zufrieden sein. Nochmals adieu, tausend Umarmungen. Dein Sohn, der Dich liebt.

****

An dieselbe.

Marseille, d. 2. November 1849.

Heute morgen, arme Geliebte, habe ich Deinen Brief Nr. 3 vom 28. erhalten, der nach Paris geschickt war. Ich hoffe, morgen werde ich einen haben, der direkt nach Marseille adressiert ist. Was meine angeht, so hast Du die ganze Zeit über, die ich in Paris war, so ziemlich jeden Tag einen bekommen müssen, außerdem habe ich Dir einen von Lyon aus geschrieben, und dieser, den ich Dir jetzt schreibe, hätte Dich ohne die Rhonenebel, die uns vorgestern vier Stunden lang aufgehalten haben, einen Tag früher erreicht. Im übrigen werde ich Dir noch morgen schreiben, und nächsten Mittwoch werde ich Dir von Malta aus schreiben, also werde ich achtundvierzig Stunden, nachdem Du meinen Brief erhalten hast, wieder damit beschäftigt sein, Dir einen neuen zu senden. Du siehst also, arme, liebe alte Mutter, es ist nicht so schlimm. Und Du kannst mir gleich nach Alexandria schreiben.

Du sagst, die Reiseberichte seien weit; nun gut! um Dir das Gegenteil zu beweisen, will ich Dir den von Paris nach Marseille schicken. Als wir bei Max aufbrechen mußten, schwamm alles, besonders der arme Cormenin, der nicht mehr konnte und Mitleid erregte. Aimée, Jenny, die Portiersfrau etc., all das schluchzte und gab mir tausend gute Ratschläge.

Im Posthof fanden wir Pradier, der ausrief (die Sonne schien sehr schön): "Famos, famos, wißt ihr, was ich heute morgen auf meinem Barometer gesehen habe? Beständig schön. Das ist ein gutes Zeichen, ich bin abergläubisch, das hat mir Freude gemacht." Du kennst den Menschen, und kannst Dir die Szene, vermehrt um seinen Hut, sein langes Haar etc. vorstellen. Es war auf demselben Hof, wo ich mich nach Korsika aufgemacht habe, an derselben Stelle, beinahe um dieselbe Stunde. Die erste Reise ist gut gegangen, die zweite wird ebenso gehn, arme alte Mutter. In Lyon haben wir Gleyre gesehen, einen Maler, der lange (fünf Jahre) im Orient gewohnt hat, er ist bis nach Abessynien gekommen. Auf seinen Rat werden wir vielleicht länger in Ägypten bleiben, als wir beschlossen hatten, wenn wir auch den Rest unserer Reise opfern oder eilig abmachen müssen. Sicher ist, daß wir Kurdistan bereits gestrichen haben, ein Land, das von Nordsyrien und Persien umgrenzt wird. Das sind drei Monate weniger, und nur die Überfahrt bietet ein wenig Gefahr. Wir würden Dampfboote nehmen, und eine Reise von vier Monaten schwindet auf vierzehn Tage. Im übrigen ist nur noch von Ägypten die Rede und wir denken an nichts anderes mehr. Das andere wird von tausend Dingen abhängen, und besonders von Dir, wenn Du Dich zu sehr quälst, wenn Du mich zurückrufst, so weißt Du ja, komme ich zurück, arme alte Mutter.

Eben haben wir Clot-bey einen Besuch gemacht, der statt in Kairo in Marseille ist; er will uns mit Empfehlungsbriefen versehen. Nach ihm ist eine Reise nach Ägypten nicht mehr als eine Reise nach Marseille. Er wird diesen Winter nach Paris kommen. M. Cloquet wird Dir seine Bekanntschaft vermitteln, und Du wirst Dich bei ihm beruhigen können. Er hat uns gesagt, es gäbe in Ägypten weder Räuber noch Fieber noch Ophthalmien zu fürchten (wenn man Vorsichtsmaßregeln beobachtet). Das einzige, was er uns sehr empfohlen hat, ist, die Kälte der Nächte zu meiden; aber dafür sind unsere Flanelljacken und Mäntel da.

Dann haben wir unser Boot besucht, den Nil, mit dem wir übermorgen früh, Sonntag, um 8 Uhr aufbrechen sollen. Es ist prachtvoll, und Dir, die Du die großen Fahrzeuge liebst, würde es passen, denn es ist von allen, die im Hafen liegen, das größte; der Vater Cauvière hat uns dem Kapitän empfohlen, unsere Kammern sind gewählt. Der Kapitän wird uns die seine geben, wenn ich zu seekrank werde. Du siehst, arme alte Geliebte, man sorgt für Dein Kücken. Wir haben ein Gepäck von prachtvollem Umfang. Auf dem Postboot, der Rhone, überhäufte man Sassetti mit Fragen, wer unsere Gnaden seien. Er ist ein gelungener Bursch, den nichts verlegen macht, und der alles kennt. Er ist heut' morgen zum Frühstück beim Kontrabaß des Theaters gewesen, der unter seine Freunde zählt, was ihm gestern das Vergnügen eingetragen hat, daß er abends wie ein Künstler im Orchester unter den Musikern die Jüdin anhören konnte. Ich glaube, er ist eine gute Wahl. Er bedient uns sehr gut.

Heute morgen habe ich von Lauvergne für Soliman Pascha, den Oberbefehlshaber der Armee in Ägypten, einen Brief bekommen. Ich werde toll darin empfohlen. Der Absatz, der von mir handelt, fängt so an: "Er ist ein Mann, gewaltig durch sein Denken," und alles andere ist in dem Geschmack.

Komm, arme Angebetete meines Herzens, faß Mut, Du sollst sehen, wieviel Vergnügen Dir der erste Brief machen wird, den Du aus Ägypten bekommst. Lies, versuche zu lesen, beschäftige Dich. Küsse die Enkelin vielmals, ich denke oft an sie. Rede von mir, sieh zu, daß man von mir redet. Sag dem Vater Parain, er soll von Zeit zu Zeit ein Glas Kirsch auf mein Wohl trinken. Hier gilt eine Reise in den Orient so wenig, daß der geringste Schuhputzer einem wie von gar nichts von Jerusalem, Kairo und Persepolis redet. Das dämpft die gute Meinung, die die Leute von sich selber haben, die etwas Rechtes zu vollbringen meinen, wenn sie hingehen. Adieu, tausend Küsse, tausend Zärtlichkeiten. Morgen werde ich Dir ein Endchen Brief schreiben, da ich ihn aber wahrscheinlich erst schreiben werde, wenn die Poststunde vorbei ist, so wird ein Tag zwischen den beiden liegen. Noch eine warme Umarmung.

****

An dieselbe.

Marseille, Samstagabend.

Ah! arme Mutter, wie gern möchte ich in meine Briefe schlüpfen können, zwischen diese Papierfalten, auf die ich einen langen Blick der Zärtlichkeit ausgieße. Schreibe mir Bände, sage mir alles, was Du willst, gieße Dich aus.

Heute haben wir unser Gepäck eingeschifft; all diese Herren an Bord sind reizend. Maxime hat den Arzt wiedererkannt, der schon mit ihm gereist ist. Erkennen, Umarmung. Tableau. Wir reisen mit dem Konsul von Manilla, der überfährt, um sich nach Indien zu begeben, und mit dem Konsul von Tripolis, der mit seiner Familie nach Malta geht. Wir werden, denke ich, so gut aufgehoben sein wie nur möglich, abgesehn von der Seekrankheit, in die man sich ergeben muß; freilich behauptet der Doktor Barthélemy (ein Schüler von M. Cloquet), eben der Schiffsarzt, es gelinge bisweilen, sie zu heilen.

Clot-bey, dem wir gerade unsern Abschiedsbesuch gemacht haben (ich glaube, ich sagte Dir schon, daß er in Marseille ist und nicht in Kairo), gibt uns eine Menge Briefe nach Ägypten mit; es sind nur Ingenieure, Generale, Beys, Paschas etc. (Er rät uns sehr, uns im Anfang zu eilen, das heißt, in Alexandria, wo es nicht viel zu sehen gibt, um zu versuchen, daß wir von Kairo mit der jährlichen Expedition des Miri (Vorauserhebung der Steuern) fortkommen, die nach Oberägypten gehn wird. Das wäre amüsanter, bequemer und sparsamer, wir würden mit einer Armee reisen. Welche Wahl! das wäre Pompadour, Marschall Richelieu und vor allem grauer Musketier! Er sagte uns, für unsere Briefverbindungen auf dem Nil wäre das ziemlich bequem, besonders für Sendungen nach Frankreich, bequemer als für Sendungen aus Frankreich. An allen Ufern des Flusses gebe es Gouverneurs, an die wir empfohlen würden, falls wir allein gingen, und von Ort zu Ort (bis nach Abessynien hinein) fränkische Ärzte. Du siehst, arme Mutter, es ist nicht möglich, unter besseren Verhältnissen zu reisen! Clot-bey sieht mir aus wie ein ausgezeichneter Kerl, in der ganzen Kraft des Ausdrucks. Er wird in ein oder zwei Monaten nach Paris gehn, schreib an M. Cloquet, er soll Dir Nachricht geben. Du würdest bei ihm speisen, das würde Dir sehr gut tun, er würde Dich sehr beruhigen.

Sprich mir von Deinem Ergehen, arme Geliebte, verbirg mir nichts. Hast Du Dein Blutspucken wieder gehabt? und die Migränen? etc. Ich habe wegen der

Kälte (denn es ist gar nicht heiß, wir haben trockenes Wetter) und aus Vorsicht schon jetzt das Flanellhemd angezogen. Ich bin also zur Sanitätsjacke verurteilt. Bouilhet soll Dir schreiben, er hat es mir beim Abschied versprochen. Versuche, Dich an Nogent zu gewöhnen. Wenn Du nach Rouen zurückkehrst, würdest Du Dich vielleicht noch mehr langweilen. Ich wollte, der Sommer wäre da, damit Du ein wenig nach England reisen kannst. Adieu, arme alte Mutter, weine nicht. In zweiundsiebzig Stunden werde ich Dir von Malta aus unter den Orangenbäumen schreiben, aber welche Kotzerei bis dahin, pfui, pfui! Ah pfui! Adieu, ich küsse Dich auf Deine beiden, langen hohlen Backen.

****

An dieselbe.

Malta. – An Bord des Nil. – Die Nacht von Mittwoch auf Donnerstag, d. 7.-8. November.

Wir sind eben in Malta angekommen, liebe gute Mutter. Das Boot liegt im Hafen vor Anker, wir fahren morgen um ein Uhr wieder ab, nachdem wir Kohle eingenommen haben. Ich mache mir die jetzige Stabilität des Fahrzeugs zunutze, um Dir diesen versprochenen Brief zu schicken.

Weißt Du eins, arme Mutter, etwas Wundervolles? ich bin nicht seekrank gewesen. Nein, gar nicht (außer bei der Abfahrt von Marseille, die erste halbe Stunde, wo ich ein Glas Rum wieder ausgebrochen habe, das ich trank, um mir Mut zu machen. Im übrigen bin ich während der ganzen Zeit der Überfahrt, das heißt von Sonntagmorgen bis heute abend, einer der lustigsten, wenn nicht der lustigste der Passagiere gewesen. Mit Maxime und Sassetti ist es nicht ebenso, sie haben sich ziemlich oft übergeben. Was mich angeht, Promenaden auf Deck, Diners mit den Offizieren, Posten auf der Brücke zwischen den beiden Radkästen in Gesellschaft des Kommandanten, wo ich in Stellungen à laJean-Bart, die Mütze auf der Seite und die Zigarre im Schnabel, umherlaufe. Ich unterrichte mich in der Seefahrt, ich informiere mich über die Manöver etc. Abends sehe ich den Wellen zu und träume, wie Child Harold in meinen Mantel drapiert. Kurz, ich bin ein Bursch. Ich weiß nicht, was ich habe, aber ich werde an Bord angebetet. Die Herren nennen mich Papa Flaubert, so vorteilhaft, scheint es, nimmt mein Gesicht sich auf dem nassen Element aus. Du siehst, arme Mutter, der Anfang ist gut, und glaube nicht, daß das Meer sehr ruhig gewesen ist, im Gegenteil, das Wetter ist ein wenig hart gewesen, der Ostwind hat uns um zwölf Stunden aufgehalten.

Wir haben zwei junge Leute an Bord, von denen der eine unsere Reise bereits gemacht hat. Nach ihm ist nichts bequemer. (Es ist ein ehemaliger Schüler des Polytechnikums, sehr reich; er heißt M. Delagrange und begibt sich momentan nach Suez, um nach Ceylon zu gehen und in Indien einzig zu seinem Vergnügen eine kleine Reise von vier Jahren zu machen. Die Überfahrt allein kostet ihn 7000 Franken. Nichts ist gelungener als unser Fahrzeug und die Zusammenstellung der Passagiere. Alle Welt ist intim befreundet. Man plaudert, man schwätzt, man schneidet auf. Die wohlsten machen den Damen den Hof. Man übergibt sich voreinander, und morgens sieht man sich mit Totengesichtern wieder, die über alle anderen lachen. Eins der komischsten ist das Maximes, der nicht krank zu werden glaubte, der arme Junge, und mich dem Arzt sehr empfohlen hatte, während mir nichts ist und er nicht aufhört zu leiden. Was den jungen Sassetti angeht, so tut er groß, ist aber nicht viel fester als sein Herr.

Morgen früh werden mir Malta besuchen. Ich werde diesen Brief in die Post werfen. Ich werde mir ein Paar Schuhe kaufen, die ich nötig habe, und Pulver, denn wir haben nur sehr wenig, und in Ägypten ist es scheußlich. Bei Ägypten fällt mir ein, habe ich Dir gesagt, daß wir sehr wahrscheinlicherweise dem Vizekönig vorgestellt werden? Siehst Du unsere Gnaden vor Seiner Hoheit?

Schreibe mir gleich nach Kairo, denn ich glaube, wir werden nur kurze Zeit in Alexandria bleiben.

Ehe ich mich Sonntag früh einschiffte, habe ich Deinen Brief vom 29. erhalten. Schreibe mir oft gleiche, er hat mir gut getan. Adieu, arme Geliebte meines Herzens. Küsse Liline für mich.

****

An dieselbe.

Alexandrien.

Erst Donnerstag, vorgestern, sind wir angekommen, da wir uns wegen des Wetters, das ungünstig war, auf Malta vierundzwanzig Stunden aufgehalten haben. Unser Kommandant hat als vorsichtiger Mann die Reise lieber um einen Tag verlängern wollen (was uns ermöglicht hat, die Insel recht zu sehen), als sich einer Havarie aussetzen. Im übrigen ist das Wetter von Malta bis Alexandria so schön gewesen, daß man auf Deck zeichnen konnte.

Als wir noch zwei Stunden vom Ufer entfernt waren, bin ich mit dem Steuermann auf den Bug gestiegen, und da habe ich den Serail von Abbas Pascha wie eine schwarze Kuppel auf dem Blau des Meeres schweben sehen. Die Sonne brütete darüber. Ich habe den Orient durch, oder vielmehr in einem breiten Silberlicht gesehen, das aufs Meer gegossen war. Bald darauf zeichnete das Ufer sich klar ab, und das erste, was wir an Land sahen, waren zwei von einem Kameltreiber geführte Kamele, dann den ganzen Kai entlang wackere Araber, die mit der friedlichsten Miene von der Welt angelten. Bei der Ausschiffung gab es das betäubendste Getöse. Neger, Negerinnen, Kamele, Turbane, Stockschläge nach rechts und links und gutturale Schreie, um einem die Ohren zu zerreißen. Ich schlage mir den Bauch voll Farben, wie ein Esel sich voll Hafer frißt. Der Stock spielt hier eine große Rolle, alles, was ein reines Kleid trägt, prügelt das, was ein schmutziges Kleid trägt – wenn ich Kleid sage, so meine ich, daß die Hose fehlt. Man sieht eine Menge Herren durch die Straßen streifen, mit nichts als einem Hemd und einer Pfeife. Außer den Frauen der niedersten Klasse sind alle verschleiert, mit dem Schmuck auf der Nase, der wie am Stirnband der Pferde baumelt und tanzt. Wenn man aber ihr Gesicht nicht sieht, so sieht man dafür ihre ganze Brust. Mit dem Wechsel des Landes wechselt die Scham den Ort, wie sich ein gelangweilter Reisender bald aufs Verdeck und bald in den Ausbau setzt. Etwas Merkwürdiges ist hier die Achtung, oder vielmehr die Angst, die man vor dem Franken hat. Wir haben gesehen, wie sich Scharen von zehn und zwölf Arabern eine ganze Straße weit zurückzogen, um uns vorbeizulassen. Im übrigen ist Alexandria fast ein europäischer Ort, so viele Europäer sind da; wir sind an der Table d'hôte unseres Hotels dreißig. Alles ist voller Engländer, Italiener usw. Gestern haben wir eine großartige Prozession zur Beschneidung des Sohnes eines reichen Kaufmanns gesehen; heute haben wir schon die Nadeln der Kleopatra (zwei große Obelisken am Rande des Meers), die Pompejussäule, die Katakomben und die Bäder der Kleopatra gesehen. Morgen brechen wir nach Rosette auf, von wo wir in drei oder vier Tagen zurück sein werden. Wir gehen langsam und ohne uns zu ermüden, leben nüchtern und sind von Kopf zu Fuß mit Flanell bekleidet, obgleich in den Zimmern dreißig Grad Wärme herrscht. Übrigens ist das wegen der Meeresbrise keineswegs unbequem.

Soliman Pascha, der mächtigste Mann in Ägypten, der Sieger von Nezim, der Schrecken von Konstantinopel, befindet sich zufällig in Alexandria statt in Kairo. Wir haben ihm gestern, mit Lauvergnes Brief versehen, einen Besuch gemacht. Er soll uns für alle Statthalter in Ägypten Befehle geben; er bietet uns für die Reise nach Kairo seinen Wagen an. Er hat auch den Handel um unsere Pferde für den morgigen Ritt abgeschlossen. Er ist reizend, herzlich etc. Ohne Zweifel gefallen ihm unsere Koffer. Ferner haben wir M. Gallis, den Chefingenieur der Armeen, den Bey Prestot etc. Um Dir von der Art, wie wir reisen werden, eine Vorstellung zu geben – man gibt uns Soldaten, um die Menge fernzuhalten, wenn wir am Photographieren sind. Ich hoffe, das ist schick.

Man kann es, wie Du siehst, nicht besser haben. Was die Augenentzündungen angeht, so sind unter den Leuten, denen man begegnet, nur die der gemeinsten Klasse, wie man im allgemeinen sagt, damit behaftet. M. Billemain, ein junger Doktor von hier, der seit fünf Jahren in Ägypten ist, sagte mir heute morgen, er habe keinen einzigen Fall bei einem wohlhabenden Mann gesehen, auch bei keinem Europäer. Also beruhige Dich, fasse guten Mut, ich werde in gutem Zustand zu Dir zurückkehren. Nun adieu, arme Mutter, es ist vier Uhr. Ich bin durch den Besuch des Bankiers M. Pastri in meinem Brief gestört worden. Er soll uns unser Geld zukommen lassen und unser Gepäck expedieren, wenn wir etwa eine Mumie nach Frankreich schicken.

Wir gehen gleich zu unserm Freund Soliman, um uns einen Brief für morgen zu holen. Er ist an den Gouverneur von Rosette gerichtet, damit er uns bei sich, das heißt in der Festung, allem Anschein nach dem einzigen bewohnbaren Ort, beherbergt. Wir hatten die Absicht, bis Damiette zu gehen, da man uns aber gesagt hat, es sei zu Pferde wegen des Sandes zu anstrengend, so haben wir auf die Partie verzichtet; wir werden von Kairo aus zu Schiff hingehn. Du siehst, wir sind nicht eigensinnig. Unser Prinzip ist, die Meinung kompetenter Leute zu hören und uns wie zwei Frömmler zu schonen. Adieu, tausend Küsse, arme alte Mutter; küsse die Kleine für mich. Schreib mir recht lange Briefe. Ich presse Dich zum Ersticken an mich. Dein Dich liebender Sohn.

****

An dieselbe.

Alexandria, Donnerstag, d. 22.

Ich schreibe Dir, liebe alte Mutter, in großer Toilette, schwarzem Rock, weißer Weste, offenen Schuhen usw. wie ein Mann, der eben einem Premierminister Besuch gemacht hat. Wir kommen diesen Moment von Hartim Bey, dem Minister der auswärtigen Angelegenheiten, dem wir durch den Konsul vorgestellt worden sind, und der uns ausgezeichnet empfangen hat. (Er wird uns für unsere ganze Reise einen sorgfältigen Firman geben. Wir werden hier auf unglaubliche Weise empfangen. Es sieht aus, als wären wir Fürsten, das ist kein Scherz. Sassetti wiederholt immer wieder: einerlei, ich kann sagen, einmal in meinem Leben habe ich zehn Sklaven zu meiner Bedienung gehabt und einen, der mir die Fliegen vertrieb. Das ist ihm wirklich passiert.

Nächsten Montag fahren wir zu Schiff auf dem Nil bis Kafresahiah; von dort werden wir bis Mansurah drei Tage zu Pferde haben, um dann nach Damiette wieder eine Canja zu nehmen, und von Damiette aus nach Kairo hinaufsteigen. Diese kleine Expedition in Unterägypten ist eine Sache von vierzehn Tagen. Während dieser Zeit werde ich Dir wahrscheinlich nicht schreiben können, arme Mutter, denn in Damiette ist es nicht sehr wahrscheinlich, daß wir eine Gelegenheit nach Alexandrien treffen, und wir können nach dem Aufbruch des Kuriers in Kairo eintreffen. Also fasse Dich in Geduld, liebe Mutter, beunruhige Dich nicht. Ich weiß nicht genau, wann Du meinen nächsten Brief erhalten wirst. Das Boot von Beyruth nach Alexandria hat auf eine Reise von sechsunddreißig Stunden durch die Westwinde drei Tage Verspätung gehabt. Du siehst, tausend Ursachen können die Ankunft der Briefe verspäten.

Heute haben wir Tarbuschen eingekauft (Kleine rote Mützen mit Seidentroddeln) und wir tragen schon die ägyptische Kopfbedeckung, während wir noch auf den Rest der Ausrüstung warten, die wir erst in Kairo kaufen.

Heute morgen haben wir mit unserm Freund Soliman Pascha bei dem Chefingenieur M. Gallis gefrühstückt, und heute abend gehen wir in die Oper. Du siehst, bis jetzt ist unser Dasein nicht sehr hart, obgleich wir die Wüste durchquert haben.

Es ist sechs Uhr, wir wollen dinieren; heute abend oder morgen früh werde ich meinen Brief noch einmal wieder vornehmen und Dir unsere kleine Expedition nach Rosette erzählen.

Freitagmorgen.

Wir sind letzten Sonntag mit Tagesanbruch gesattelt, bestiefelt, angeschirrt, bewaffnet mit vier Leuten aufgebrochen, die uns zu Fuß laufend folgten, während unser Dragoman, mit unsern Mänteln und unsern Vorräten beladen, auf seinem Maultier ritt und wir unsere drei Pferde mit Hilfe eines einfachen Halfters lenkten. Sie sahen wie Schindmären aus und waren dagegen ausgezeichnete Tiere. Mit zwei Sporentritten brachte man sie in Galopp, und wenn man pfiff, standen sie ganz plötzlich still; um sie rechts oder links gehen zu lassen, genügte es, gegen ihren Hals zu drücken.

Sofort vor den Toren Alexandrias beginnt die Wüste: es sind Sandhügel, die hie und da mit Palmen bestanden sind, und dann nicht endende Sandbänke. Von Zeit zu Zeit meint man am Horizont große Wassertümpel zu sehen, in denen sich Bäume spiegeln, und ganz unten auf der äußersten Linie, die scheinbar den Himmel berührt, fliegt ein gerader Dunst hin, der wie ein Eisenbahnzug läuft. Das ist die Spiegelung. Alle Welt erfährt sie, Araber wie Europäer; wer an die Wüste gewöhnt ist, wie der, der sie zum erstenmal sieht. Von Zeit zu Zeit stößt man im Sande auf das Aas eines Tieres, ein totes Kamel, das zu zwei Dritteln von den Schakalen abgenagt ist, und dessen von der Sonne geschwärzte Gedärme nach draußen hängen; einen zur Mumie gewordenen Kiefer, einen Pferdekopf usw. Die Araber traben auf ihren Eseln einher, die Frauen in ungeheure weiße oder schwarze Schleier gehüllt. Man bietet sich den guten Tag, taëb, und man setzt seinen Weg fort.

Gegen elf Uhr haben mir dicht bei Abukir in einer von Soldaten bewachten Festung gefrühstückt, sie brachten uns ausgezeichneten Kaffee und – ein Wunder! – verweigerten das Bakschisch. Der Strand von Abukir ist immer noch von Ort zu Ort mit Schiffstrümmern bedeckt. Wir haben dort eine Menge gestrandeter Haifische getroffen. Unsere Pferde zermahlten am Rande der Wellen die Muscheln; wir haben Scharben und Austernfischer geschossen. Unsere Araber liefen wie die Windhunde, um die aufzusammeln, die wir verwundet hatten (denn ich habe Wild getötet! ja, ich! das ist etwas Neues, wie, arme Mutter?). Das Wetter war wundervoll, Meer und Himmel waren ganz blau, der Raum unermeßlich. Bei einem Ort, den Du auf Deiner Karte finden wirst, und der Edku heißt, passiert man das Wasser in einer Fähre. Da hatten unsere Burschen von dem Treiber zweier Kamele einige Datteln gekauft, mit denen die Kamele beladen waren. Etwa eine halbe Stunde weiterhin ritten wir ruhig hundert Schritt von unseren Führern entfernt, die uns nachfolgten, Seite an Seite, als wir plötzlich beim Lärm lauter Schreie, die zu uns drangen, den Kopf wandten. Unsere Leute stießen sich herum und gaben uns Zeichen zu kommen. Sassetti fliegt im Galopp davon, mit seinem kurzen Samtrock im Winde, wir bohren unseren Pferden die Sporen in den Bauch, und wir kommen auf dem Schauplatz des Konfliktes an. Es war der Eigentümer der Datteln, der seinen Kamelen von ferne folgte und, als er unsere jungen Schlingel davon essen sah, geglaubt hatte, sie hätten sie gestohlen und mit Prügeln über sie hergefallen war.

Aber als er drei Kerle mit am Sattel hängenden Flinten auf sich losstürzen sah, wechselten die Rollen, und hatte er vorher geschlagen, so wurde er jetzt geschlagen. Da kam unseren Leuten der Mut zurück, und sie fielen mit Knüttelhieben und so über ihn her, daß ihm die Haut seines Hintern bei jeder Salve sprang. Um den Hieben zu entgehen, lief er ins Meer, indem er sich aus Furcht, naß zu werden, das Kleid aufhob; die anderen folgten ihm. Je mehr er sein Kleid aufhob, um so mehr Platz bot er den Stöcken, die wie Trommelschlägel auf ihn niederregneten; nichts war komischer anzusehen als dieser schwarze

Hintere mitten in den weißen Dünsten. Er heulte wie ein wildes Tier. Wir anderen standen am Ufer und lachten wie toll. Mir tun noch die Seiten weh, wenn ich daran denke. Es war eine der schönsten Ladungen, die ich je gesehen habe – ohne Witze zu machen. Als wir am zweiten Tage darauf von Rosette zurückkamen, begegneten wir denselben Kamelen auf ihrer Heimkehr von Alexandria. Als er uns von fern bemerkte, ergriff er die Flucht, ließ seine Tiere stehen und machte zu Fuß einen großen Umweg durch die Wüste, um uns auszuweichen. Dieses Abenteuer hat uns sehr unterhalten. Im übrigen kannst Du nicht glauben, welche bedeutende Rolle der Stock hier spielt; man teilt die Hiebe mit grandioser Verschwendung aus, alles zur Begleitung eines Geschreis von der lokalsten Färbung der Welt.

Abends um sechs kamen wir nach einem Sonnenuntergang, unter dem der Himmel geschmolzenem Purpur und der Wüstensand Tinte gleich geworden war, in Rosette an, dessen sämtliche Tore geschlossen waren. Beim Namen Soliman Paschas öffneten sie sich wie die einer Scheune mit langsamem Kreischen. Die Straßen waren düster und so eng, daß nur gerade für einen Reiter Platz war. Wir zogen durch die Bazare, deren jeder Laden von einem Glas voll Öl beleuchtet war, das an einem Faden hing, und wir kamen zur Kaserne. Der Pascha empfing uns auf seinem Sofa, umgeben von Negern, die uns Pfeifen und Kaffee brachten. Nach viel Höflichkeiten und Komplimenten gab man uns zu essen und machte uns unsere Betten, die mit vortrefflichen Moskitonetzen versehen waren. Von Moskitos bin ich übrigens getigert. Aber ich fühle sie durchaus nicht, was die Hauptsache ist. Jetzt bin ich ihnen unzugänglich. Meine Haut ist gegerbt, aber was mich trostlos macht, ist, daß ich mich gar nicht bronziere, während Max schon dreiviertel Neger ist. Am andern Morgen, als wir unsere Waschung vornahmen, trat der Pascha in unser Zimmer und brachte uns den Regimentsarzt, einen Italiener, der ausgezeichnet französisch sprach und uns die Honneurs des Ortes machte. Dank diesem vortrefflichen Menschen verbrachten wir einen sehr angenehmen Tag. Als er meinen Namen erfuhr, und daß ich der Sohn eines Arztes sei, sagte er mir, er habe von meinem Vater gehört und seinen Namen mehrmals zitiert gelesen. Das war für mich, liebe Mutter, keine geringe Befriedigung, wenn ich dachte, daß mir das Gedächtnis dieses armen Vaters noch zu etwas gut war und mich von so weit her beschützte. Das erinnert mich daran, daß mir auch tief in der Bretagne, zu Guérande, der Arzt des Ortes gesagt hat, er habe ihn in seiner Dissertation zitiert. Ja, arme Geliebte, ich denke an Euch beide und zwar oft; während mein Körper vorwärts zieht, steigen meine Gedanken die Karte hinauf und versenken sich in die vergangenen Tage.

Der ganze Morgen wurde also auf Gänge in Rosette verwendet. Bei jedem neuen Besuch, den wir machten, Tschibuk, Kaffee – und keineswegs von Essen die Rede. Ich kam vor Hunger um und begann zu finden, daß es des Rauchens zu viel wurde. Kurz, um halb zwei sagte der Pascha, wir wollten essen. Wir saßen zu fünf um einen Tisch von der Größe eines Nipptisches, alles trank aus demselben Glas, und man aß mit den Fingern. Es wurden wohl mindestens dreißig Gänge serviert. Man ißt von jedem fünf oder sechs Bissen, und dann wird ein neuer serviert. Alle kommen nacheinander. Ein kleiner Neger in bunter Jacke vertrieb die Fliegen, andere gossen uns Wasser ein, sei es zum Trinken oder, um uns die Hände zu waschen.

Es war in einem großen, auf allen Seiten offenen Holzzimmer, von dem aus man das einem zu Füßen schlagende Meer beherrschte. Was die türkische Küche angeht, so ist das Gebäck (Beignets, Kuchen, süße Schüsseln) ausgezeichnet. Der Rest erschien mir scheußlich, hat mir aber keine Bauchschmerzen eingetragen, was mich erstaunt hat. Nachmittags sind wir im Boot auf dem Nil spazieren gefahren, auf der Schattenseite, am Flußufer entlang, das mit Gärten bedeckt ist, die ihre grünen Büschel ins Wasser gießen. Von Zeit zu Zeit erscheint zwischen den Palmen und Orangen ein Holzhaus, das wie ein chinesischer Sonnenschirmgriff ganz von Schnitzereien durchbrochen ist. Auf dem Balkon eine verschleierte Frau, von der man nur die Augen sieht, oder ein Muselmann, der sich nach der Seite von Mekka niedergeworfen hat und seine Gebete hersagt, indem er die Erde mit der Stirn schlägt.

Am Tage darauf, Dienstag, sind wir um sechs Uhr morgens wieder aufgebrochen. (Es war kalt. Wir haben den ganzen Tag unsere Mäntel umbehalten, und wir sind nach achtzehn Meilen zu Pferde durch die Wüste um fünf in Alexandria eingetroffen, ohne geschunden oder zerschlagen zu sein. Unsere Sättel sind übrigens so gut, daß man wie in Sesseln sitzt.

Du siehst, alles geht gut, arme Mutter. Wir sind von Kopf zu Fuß in Flanell gehüllt. Geist und Körper sind wohl. Maxime überrascht mich und sorgt für mich wie ein Kind. Ich glaube, wenn er könnte, würde er mich aus Angst, mir könne etwas passieren, unter Glas setzen.

Adieu, arme angebetete Mutter. Gute Hoffnung. Küsse Liline für mich. Dich umarme ich zum Ersticken.

Heute abend Soiree, Vereinigung der großen Welt. Wir gehen zum General Gallis. Man sagt, man spielt dort Whist; das ist nichts für mich, aber die Gesellschaft, die Etikette, die Ansprüche der Leute! Ich werde also meine guten Manieren entfalten.

****

An Louis Bouilhet.

Kairo, d. 1. Dezember 1849.

Ich beginne damit, mein lieber Alter, daß ich Deinen guten Kopf in die Arme nehme und jede Inspiration auf dies Papier blase, daß Dein Geist zu mir komme. Ich glaube übrigens, Du denkst verhenkert an uns, denn wir denken verhenkert an Dich, und hundertmal am Tage sehnen wir Dich herbei. Gegenwärtig scheint der Mond auf die Minaretts, alles ist still. Von Zeit zu Zeit bellen die Hunde; vor meinem Fenster, dessen Vorhänge geschlossen sind, habe ich die schwarze Masse der Bäume des Gartens, gesehen in der bleichen Helle der Nacht. Ich schreibe an einem viereckigen Tisch mit grüner Decke, der von zwei Kerzen beleuchtet ist, und meine Tinte schöpfe ich aus einem Pomadentopf. Hinter der Scheidewand höre ich den jungen Maxime, der seine photographischen Mischungen herstellt; die Stummen sind die, die da oben schlafen, nämlich Sassetti und der Dragoman, als welcher Dragoman, die Wahrheit zu gestehen, einer der abgefeimtesten Halunken ist, den man sich denken kann. Was meine Gnaden angeht, so sind sie mit einem großen Nubierhemd aus weißer Baumwolle, verziert mit Troddeln und von einem Schnitt, dessen Schilderung umständlich wäre, bekleidet. Mein Kopf ist, abgesehn von einer Locke auf dem Hinterkopf (daran soll uns Mahomed am jüngsten Tage emporheben) vollständig rasiert, und mit einem roten Tarbusch bedeckt, der von roter Farbe trieft und mich die ersten Tage vor Hitze hat triefen machen. Wir haben ziemlich orientalische Gesichter. Sicherheitsrücksichten halten unsere Bekleidungswut zurück; da der Europäer in Ägypten mehr geachtet wird, so werden wir uns erst in Syrien vollständig verkappen. Und Du, armer, alter geliebter Kerl, was wird aus Dir in diesem schmutzigen Vaterland, von dem ich bisweilen, wie ich mich ertappe, mit Zärtlichkeit träume? Ich denke an unsere Sonntage zu Croisset, wo ich den Lärm der eisernen Pforte hörte und den Spazierstock, das Heft und Dich erscheinen sah ... Wann werden wir unsere endlosen Plaudereien am Kamin wieder aufnehmen, in meinen grüne Sessel getaucht ... Wieweit ist Meloenis? Und die Stücke, die Reise? etc. etc. Schicke mir Bände.

Wir brechen am 1. Januar auf unserer Reise nach Oberägypten und Nubien auf. Das wird eine Sache von etwa drei Monaten sein. Die Pyramiden habe ich noch nicht gesehen. Nächste Woche werden wir eine kleine Reise in der Umgebung machen, auf der wir die Pyramiden, Sakkara, Memphis und Motakam sehen werden, wo ich Hyänen oder einen Fuchs zu töten hoffe, dessen Haut ich mitbringen werde.

Ich glaube wohl, kluger Mann, Du erwartest nicht, einen Bericht von meiner Reise zu erhalten. Höchstens habe ich die Zeit, mich mit meinen Noten auf dem laufenden zu halten. Ich habe noch nichts geschrieben und noch kein Buch aufgeschlagen, nur gestern habe ich, als ich meinen Tschibuk rauchte, zur Unterhaltung drei Oden des Horaz gelesen. Trotzdem möchte ich Dir etwas schicken, was Dich zwischen Huart und den ausgestopften Eulen in Deiner Wohnung auf der Rue Beauvoisine unterhält. Mit einem Wort, bis jetzt fasse ich meine Empfindungen etwa so zusammen: wenig Staunen über die Natur als Landschaft und als Himmel, als Wüste (ausgenommen die Spiegelung); ungeheures Staunen über die Städte und die Menschen. Hugo würde sagen: Ich war Gott näher als der Menschheit! das liegt ohne Frage daran, daß ich mehr über alles geträumt, darin gegraben, daran gedacht hatte, was Horizont, Grün, Sand, Baum, Sonne ist, als an das, was Haus, Straße, Kostüm und Gebrauch ist. Es war bei der Natur ein Wiederfinden, im übrigen ein Finden. Aber ich finde ein neues Element, das zu sehen ich nicht erwartete, und das hier unermeßlich ist, das ist das Groteske. All die alte Komik des geprügelten Sklaven, des mürrischen Frauenverkäufers, des halunkischen Kaufmanns ist hier sehr jung, sehr wahr, entzückend. Auf der Straße und in den Häusern teilt man bei jeder Gelegenheit rechts und links mit abstoßender Verschwendung Stockschläge aus. Der Ton ist guttural, ähnlich dem Schrei wilder Tiere, und darüber klingt ein Lachen? große, weiße Gewänder hängen, Elfenbeinzähne klappern unter den dicken Lippen, den Plattnasen der Neger – und staubige Füße, und Halsbänder und Armbänder! armer alter Kerl! Wir haben bei dem Pascha von Rosette ein Diner mitgemacht, wo zehn Neger zu unserer Bedienung vorhanden waren. Sie trugen Seidenjacken, einige silberne Armbänder? ein kleiner Neger vertrieb uns die Fliegen mit einem Schilfwedel; wir aßen mit den Fingern; man trug die Berichte Schüssel für Schüssel auf silbernem Teller auf. Es gab etwa dreißig, die so vorüberzogen. Es wurde in einem Holzpavillon bei offenen Fenstern auf Diwanen im Angesichte des Meeres eingenommen.

Zu den schönsten Dingen gehört das Kamel. Ich werde nicht müde, dieses seltsame Tier vorüberziehen zu sehen, das wie ein Puter tänzelt und seinen Hals wie ein Schwan wiegt. Sie haben einen Schrei, den nachzubilden ich mich erschöpfe; ich hoffe, ihn mit zurückzubringen, aber es ist wegen eines bestimmten Gurgelns schwierig, das im Hintergrunde des Röchelns, das sie ausstoßen, zittert. Im übrigen werde ich vielleicht genug vom Kamel bekommen, denn wir werden von Kairo durch die Wüste und über den Berg Sinai nach Jerusalem gehen. Das ist eine Sache von mindestens fünfundzwanzig

Tagen. Unsere Karawane wird aus zwölf Kamelen bestehen. Siehst Du unsere Gesichter darüber? Wenn wir in Jerusalem ankommen, werden wir vielleicht beinahe vor Müdigkeit umkommen. Wenn das Dromedar sich übrigens gegen mich benimmt wie das Mittelmeer, werde ich obenauf sein, denn Du mußt wissen, mein lieber Herr, ich bin von allen Passagieren der munterste gewesen, obgleich das Meer hundemäßig war (man rollte, man kotzte, es war prachtvoll). Die ganze Zeit der Überfahrt, elf Tage lang, habe ich gegessen, geraucht, renommiert und bin mit meinen zweideutigen Geschichten, Bonmots, Scherzen etc. etc. so liebenswürdig gewesen, daß die Offiziere mich anbeteten; ich glaube, die Rückfahrt auf dem "Nil" werde ich gratis haben. Ich habe da die Überzeugung gewonnen, daß die vorausgesehenen Dinge selten eintreffen. Ich hatte Angst vor der Seekrankheit und ich habe keine Spur davon gehabt; mit Maxime und dem jungen Sassetti war es nicht ebenso.

Auf das Geländer gestützt, sah ich beim Mondschein den Wellen zu und mühte mich ab, an all die historischen Erinnerungen zu denken, die mir kommen sollten und nicht kamen, während mein Auge, stumpf wie das des Rindes, das Wasser einfach ansah. Mehrere Male habe ich an Racine in seinem Arbeitszimmer gedacht, mit seiner Perücke und seinem Louis-Quatorze-Anzug, wie er in seiner Phantasie herumgrub, um die flüssige Ebene mit dem feuchten Gebirge in Einklang zu bringen, an all die Wallungen, die er im Geiste sah, und welches ruhige Chaos ihm das im Kopfe schuf.

Wenn Du von Malta eine gute Vorstellung haben willst, lies in Maximes Buch nach, was er darüber sagt, das ist sehr korrekt. Rufe all Deine Reflexion auf die Calessima zusammen, nur stelle Dir darin Gesichter von Äbten aus der guten alten Zeit vor, in kurzer Hose mit spitzem Hut und in Gesellschaft einer Dame.

Am Morgen des Tages, als wir nach Ägypten kamen, bin ich mit dem Steuermann in den Bug gestiegen; und da habe ich dieses alte Ägypten gesehen. Der Himmel, das Meer, alles war blau. Der Serail des alten Pascha löste sich weiß vom Horizont. Das habe ich gesehen. Als wir uns auf der Seite der Katakomben und der Bäder der Kleopatra dem Lande näherten, unterschieden wir einen Mann zu Fuße mit zwei Kamelen, die er vor sich hertrieb. Im Hafen angelten ein paar Araber, die mit gekreuzten Beinen auf den Steinen saßen, mit der friedfertigsten Miene von der Welt. Wir kamen hinter einer kleinen Brigg vorbei, die den Namen Saint Malo trug, und man warf die Anker aus. Eine ganze Flotte von Boten voller Lastträger, Dragomans, der Kawaß der Konsuln stürzte rings über uns her; es war ein schönes Charivari von Schreien und Schimpfreden, man blieb an den langen Pfeifen, an den Tauen, an den

Turbanen hängen – man warf die Koffer über Bord in die Boote – und alles gewürzt von Stockhieben auf die Schultern der Fellahs.

In Alexandria haben wir noch am Abend unserer Ankunft eine Fackelprozession gesehen: man feierte die Beschneidung eines Knaben. Die Harzfackeln beleuchteten die düsteren Straßen, wo die buntscheckige Menge sich mit Geschrei herumstieß. Hier in Kairo haben wir ähnlichen Schnurren beigewohnt; einen der letzten Abende haben wir Andächtige bei einer Hochzeit Allahs Lob singen hören; in Form eines Parallelogramms aufgestellt, wackelten sie hin und her, indem sie auf monotone Art sangen. Einer unter ihnen gab den Ton an und stieß regelmäßig schrille Schreie aus. Die Hanswürste sind vollendet, und ihre Scherze von bestem Geschmack. Ein Bube sprach zu einem Tauben, nachdem er versucht hatte, sich ihm verständlich zu machen, indem er ihm abwechselnd in beide Ohren schrie; schließlich begann er, und zwar aus Verzweiflung, ihm in den Hintern hineinzuheulen.

Morgen sollen wir einen Ausflug zu Wasser machen, mit mehreren Damen, die mit Krotalen und in ihrem Kopfputz aus Goldpiastern zum Klang des Tarabusch tanzen werden. Vorgestern gingen wir zu einer Frau, die uns zwei anderen vorstellte. Das zerfetzte und allen Winden offene Zimmer war von einem Nachtlicht beleuchtet; durch das scheibenlose Fenster sah man eine Palme, und die beiden türkischen Frauen trugen seidene, mit Gold durchwirkte Gewänder. Hier versteht man sich auf Kontraste: die glänzenden Dinge leuchten im Staube. Adieu, armer alter Kerl. Schreibe meiner Mutter zuweilen und gib ihr Nachricht, sobald Du meinen Brief hast. Wir umarmen Dich. Ochse tüchtig. Adieu; tausend Zärtlichkeiten.

****

An seine Mutter.

Kairo, d. 2. Dezember 1849.

Da sind wir in Kairo, arme Geliebte, wo wir den ganzen Dezember bleiben sollen, bis zur Rückkehr der Pilger aus Mekka, die in etwa fünfundzwanzig Tagen stattfinden soll. Wir wollen Kairo sorgfältig ansehn und uns darauf versteifen, jeden Abend zu arbeiten, etwas, was wir noch nicht getan haben. Gegen den 1. Januar werden wir uns in eine Canja setzen und sechs Wochen lang den Nil hinauffahren, worauf wir ihn wieder herunterfahren und hierher zurückkehren werden. Die ganze Reise in Oberägypten ist außerordentlich leicht und hat nicht die geringste Gefahr irgendwelcher Art, besonders um diese Jahreszeit, wo die Hitze durchaus nicht übermäßig ist. Also kannst Du nunmehr in betreff des Klimas von Ägypten Deine Meinung ändern. Abends gibt es hier ganz wie anderswo Nebel, die Nächte sind kalt (obgleich die Dienstboten, vielmehr die Sklaven auf der Straße vor den Türen am Boden schlafen), und man sieht dann Wolken. Wenn man in Frankreich gewisse Leute hört, ist Ägypten ein wahrer Ofen. Einverstanden, aber es läßt bisweilen nach. Wenn Du das Inventar dessen haben willst, was ich (nach dem einstimmigen Rat der verständigen Leute) auf dem Leibe trage – so bin ich bekleidet: Flanellgurt, Flanellhemd, Flanellunterhose, Tuchhose, dicke Weste, dickes Halstuch und abends und morgens über der Jacke Paletoth Ich bin rasiert und trage den roten Tarbusch mit den zwei kleinen weißen Mützen darunter.

Alles, was Offizier oder Verwaltungsbeamter ist, trägt den Rock von Konstantinopel, das heißt, den unseren, mit dem Tarbusch. Als Schlafrock habe ich mir gestern ein Nubierhemd gekauft, das mich fünfzig Sous gekostet hat und sehr schick ist. Für einige zwanzig Franken kann man Schlafröcke aus Seide haben. Ein gutes Pferd kostet dreihundert Franken; daher werden wir uns in Palästina auch welche kaufen. Du mußt an der geringen Zeit zwischen diesem Brief und dem vorhergehenden sehen, liebe Mutter, daß wir an Unterägypten vorbeigegangen sind. Man hat uns nicht gedrängt, hinzugehen, und zwar wegen der noch vorhandenen Moraste, der Reste der Überschwemmung. Wir hätten sie durchqueren müssen; man holt sich da Fieber und Diarrhoe. Wir haben darauf verzichtet. Ohne Zweifel ist es übertriebene Vorsicht, aber schließlich ist zu viel besser als nicht genug. Ebenso mit dem Sennaar; wir hatten einen Augenblick die Absicht, bis dorthin vorzudringen. Es scheint, es ist ebenso leicht, wie von Alexandria nach Kairo zu gehen, aber Linant Bey (der Oberingenieur der Brücken und Straßen in Ägypten), der dreimal dort gewesen ist, hat uns gesagt, wir würden absolut nichts sehen, und es lohne der Mühe nicht, darum unsere Reise zu verlängern. So scheint mir der Sennaar vorläufig zurückgestellt, wenn uns nicht da oben die Wut packt, höher hinaufzugehen. Dafür drängt Mr. Linant (er ist sicherlich der intelligenteste Mann, dem wir noch begegnet sind, der unterrichtete und der in jeder Hinsicht bestunterrichtetste) uns, zu Lande nach Jerusalem zu gehen und nicht zu Wasser, was mit unserem ursprünglichen Reiseplan stimmt, wie Du Dich überzeugen kannst, wenn Du einen Blick darauf wirfst. Aus all dem schließe ich, daß es in Europa nicht möglich ist, über die Straßen in Asien präzise Auskunft zu erhalten. Das ändert sich oft. So haben wir in Alexandria einen jungen deutschen Prinzen gesehen, der von dem angeblich unzugänglichen Palmyra zurückkam. Er war mit seinem Diener und seinem Dragoman dort gewesen, ohne daß ihm irgend etwas passiert war. Ich habe genug davon gesehen und vor allem genug gehört, um die Überzeugung zu haben, daß die schlimme Begegnung nur existiert, wenn man sie sucht; und die Krankheiten zieht man sich durch Unvorsichtigkeit zu. Was sagst Du zu einem wackeren Engländer (die Tatsache wurde uns vom Grafen von Neuville berichtet, der in Syrien mit ihm gereist ist), der die ganze Zeit über, die er in Syrien war, vier Mahlzeiten einnahm, Roastbeef aß und Wein trank? Man mochte ihm noch so sehr vorhalten, er töte sich damit, unser Mann ließ nicht davon ab. Als das Fieber ihn packte, goß er sich Rum in den Tee und ließ sich einfallen, kalte Bäder zu nehmen, um sich das Blut zu beruhigen. Daher ist er auch in Jerusalem wie eine Rakete geplatzt, indem er bis zum letzten Augenblick behauptete, das Klima sei mörderisch, und sein Regime gut. Sei also ohne jede Furcht, arme Mutter, uns allen geht es gut und wird es bis zum Schluß gut gehen.

In Kairo beginnt der Orient. Alexandria ist zu sehr mit Europäern vermischt, als daß die Lokalfarbe rein sein sollte. Hier trifft man weniger Hüte. Wir laufen die Bazare ab, die Caouehs (Cafés), die Possenreißer und Moscheen. Es gibt Hanswürste von viel Verdienst, die Scherze von mehr als leichtem Geschmack machen. Der Sklavenbazar hat unseren ersten Besuch erhalten. Da muß man die Verachtung sehen, die man für Menschenfleisch hegt. Der Sozialismus ist in Ägypten noch weit von der Herrschaft entfernt. Ich vergehe in Bewunderung vor den Kamelen, die durch die Straßen ziehen und sich in den Bazaren zwischen den Läden niederlegen.

Freitagabend, d. 4. Dezember.

Ein guter Tag heute, liebe Mutter, ich habe vier Briefe von Dir erhalten. So viele gute Sachen auf einmal, das hat mich mit Freude erfüllt. Wir haben heute nachmittag einen entzückenden Ausflug zum Grab der Kalifen gemacht. In der Umgebung von Kairo liegt eine große Ebene, die ganz beladen ist mit Moscheen aus der Zeit der Kreuzzüge. Auf der einen Seite hat man die Wüste, Kairo mit all seinen Monumenten zu Füßen und weiterhin die Weiden des Nil mit dem von weißen Segeln gefleckten Fluß. Die Canjas haben alle zwei große gekreuzte Segel, die das Boot einer mit zwei ungeheuren Flügeln fliegenden Schwalbe ähnlich machen. Der Himmel war ganz blau, die Sperber kreisten, die Kamele zogen vorüber, und oben von den Minaretts in Trümmern, deren Steine vom Alter angenagt sind, rote Lumpenstücke, die von den Ratten zerfetzt sind, sah man die Menschen und Tiere wie Fliegen kriechen, alles übergossen von einem flüssigen Licht, das die Oberfläche der Dinge und die Durchsichtigkeit der Luft zu durchdringen scheint. Jetzt, da ich von Dir Nachricht habe, schließe ich meinen Brief. Wir brechen übermorgen zu unserem kleinen Ausflug um Kairo herum auf.

Adieu, ich umarme Dich Millionen Male.

****

An Madame Bonenfant.

Kairo, d. 5. Dezember 1849.

Und zunächst, liebe Verwandte, gestattet mir, Euch zu sagen, daß ich nicht weiß, wie ich Euch dafür danken soll, daß Ihr Euch so viel um meine Mutter bekümmert. Sie hat es sehr nötig, das versichere ich Euch, und ich weiß nicht, was ohne Euch aus ihr werden sollte. In dem Brief, den ich gestern von ihr bekommen habe, spricht sie davon, gegen Ende Dezember nach Rouen zurückzukehren. Ich glaube, sie wird gut tun, nur so kurz wie möglich dort zu bleiben und zu Euch zurückzukehren; sie könnte es nirgends sonst besser haben.

Wenn Du mir antwortest, liebe Olympe, sage mir offen, wie es ihr geht, ob sie nicht zu traurig ist; ihre Briefe scheinen mir ganz vernünftig, aber ich fürchte, sie quält sich ein wenig ab, um mir zu schreiben, und macht sich selber zum Trotz, aus Furcht, mich traurig zu machen, gute Miene. Auf jeden Fall verbirg mir nichts. Darin appelliere ich an Deine Offenheit und an Dein gutes Herz. Du hast sie gewiß viel umarmt, als ich abgereist bin; wie sie weinte, nicht wahr? Dank, meine Gute, für alles, was Du ihr in diesem furchtbaren Moment an Zärtlichkeit gegeben hast. Nichts ist verloren, ich sammle all das auf und bewahre es in sicherem Winkel.

Ich hoffe sehr, Du hast nicht die Stirn, einen Reisebericht von mir zu erwarten. Um die Sache zu machen, fehlt es an einem: an der Zeit. Auf der Reise hat man kaum genug zum Atmen. Die materiellen Sorgen nehmen eine unglaubliche Menge von Viertelstunden in Anspruch. In einem Bazar eine Pfeife zu kaufen, das ist eine Sache von einem halben Tag, so zanken die Händler sich mit dem Dragoman, da der eine den andern betrügen will. Daher Geschrei, Beleidigungen, Schläge: Tableau! Und so geht der Tag hin.

Ich habe heute morgen viel an Vater Parain gedacht: wir haben den Bazar der Goldschmiede besucht. In einem Gang, der ebenso eng und ebenso düster ist wie ein Stiefelschaft (wenn man ihn an der Strippe hält und den Nagel zu entdecken sucht, der einem die Ferse verletzt), sitzen, zu beiden Seiten gereiht, hinter groben Holzkisten, die Pfeife im Mund, die Tasse Kaffee vor sich, eine Menge beturbanter Burschen, die sich auf ihr Knie beugen und, ich weiß nicht was, zu feilen beschäftigt sind.

In einer Art Hinterladen flammt die Esse; ein paar Burschen polieren goldene Ketten; verschleierte Frauen gehen vor einem vorbei und schreien unverständliche Worte; oder der Kopf eines Kamels, das durch den Bazar zieht, dringt ohne Umstände in den Laden hinein und sieht mit einer großen Stumpfsinnsmiene zu, was man tut. Das ist der Bazar der Goldschmiede: Goldwaren sieht man nicht, alles ist unter Schloß.

****

An seine Mutter.

Kairo, d. 14. Dezember 1849.

Wenn Du wüßtest, liebe alte Mutter, wievielmal am Tage, wenn ich schöne Dinge sehe, ich Dich herbeisehne und mir Dein Gesicht mit der Brille vorstelle, das sich an meiner Seite verwundert. Daher versuche ich auch von allem, was ich sehe, so viel wie möglich zusammenzuraffen, um Dir mehr davon mitbringen zu können. Wie wir bei der Rückkehr plaudern wollen; arme, liebe alte Mutter, komm! komm! fasse Mut. Diese Zeit, die Dir jetzt so lang erscheint, wird Dir in ein paar Monaten schnell verflossen scheinen; dann wirst Du Dich nur noch auf die Einförmigkeit Deiner Unruhe besinnen, ohne all die Pausen, die Dir jetzt ihre Dauer bemessen können. Wenn ich Pausen sage, so täusche ich mich ohne Zweifel, denn ich bin sicher, Du wirst nie ruhig und vom Morgen bis zum Abend (und vor allem vom Abend bis zum Morgen) zerbrichst Du Dir den Kopf damit, Dir einen Haufen Gefahren vorzustellen, die niemals anderswo als in Deinem Gehirn bestanden haben. Der Brief von heute scheint mir zum Beispiel trauriger als die anderen. Wie Du Dich in Rouen langweilen wirst! Wie Du in Dein brennendes Feuer starren und dem Regen zusehen wirst, der über die Scheiben läuft! Laß Bouilhet kommen, ihr werdet zusammen von mir plaudern. Du weißt, er ist von lächerlicher Furchtsamkeit, und wenn er Dir nicht geschrieben hat (was mich kaum wundern würde) oder wenn er Dich nicht gleich besuchen kommt, sobald er Deine Rückkehr nach Rouen erfährt, so ist das mehr Verlegenheit als irgend etwas anderes.

Mein Brief wird Dich am Tage nach Neujahr erreichen. Um diese Zeit werden wir unsere Vorbereitungen für die Nilreise treffen. Wir werden eine schöne Canja mit zehn Matrosen für uns haben (jeder Mann fünfzehn Franken im Monat), und Empfehlungsbriefe an alle Gouverneurs. Es wäre sogar nicht zu verwundern, wenn Soliman Pascha uns einen Teil der Reise begleitete (was uns – in Parenthese – ein wenig stören würde). Wir werden auf unserm Boot eine Menge Pfeifen, viel Tarbusche, Tschibuks und Tarabuks (Trommeln) etc. etc. haben. Ja, wir haben guten Schick. Die Sonne hat sich endlich entschlossen, mir die Haut zu bräunen, ich gehe zur Bronze über (was mich befriedigt); ich werde fett (was mich trostlos macht); der Bart wächst mir wie eine amerikanische Savanne. Ich schlafe, ohne aufzuwachen, zwölf Stunden hintereinander fort, kurz, ich komme mir vor wie ein alter Knasterbart. Ich sehe gut aus und bin mit mir zufrieden. Was die Eitelkeit angeht, so beruhige Dich, arme alte Mutter, ich bin noch nicht trunken vom Weihrauch, und wenn ich heimkomme, glaube ich, werde ich nicht tun, als kenne ich Dich nicht mehr.

Wir haben diese Woche einen kleinen Ausflug von sechs Tagen nach Giseh gemacht, zu den Pyramiden, nach Sakkara und nach Memphis. In Sakkara habe ich Ibismumien aus ihren Gefäßen genommen, die wir mitbringen werden. Menschliche Mumien sind sehr schwer auszuführen, weil alle Altertümer an der Zollstation angehalten werden. Wenn es übrigens bei der Abreise nicht unbequemer ist als bei der Ankunft, wird die Sache leicht abgemacht sein. Wir sind nach Alexandria hineingekommen, ohne daß man unsere Koffer (1200 Pfund) geöffnet hat. Wir haben fünfzig Sous gegeben, und alles war gesagt. So haben wir also zehn Tage fast völlig in der Wüste verbracht, haben unterm Zelt geschlafen, mit den Beduinen gelebt (sie sind sehr lustig und die besten Menschen von der Welt), haben Turteltauben gegessen, haben Büffelmilch getrunken und nachts jene alten Schakale kläffen hören, die wir abends und morgens zwischen den benachbarten Sandhaufen herumgaloppieren sehen. Ich bete die Wüste an, die Luft ist trocken und lebhaft wie an den Ufern des Meeres; eine um so richtigere Zusammenstellung, als man einen salzigen Geschmack am Gaumen hat, wenn man mit der Zunge über den Schnurrbart streicht. Man atmet mit vollen Lungen. Unsere Pferde waren mit vollem Eisen (wie mit einem Schuh) beschlagen, um auf dem Sande besser laufen zu können; wir haben sie tüchtig ausgreifen lassen, wir verschlangen den Raum, wir haben eine Menge Sturmritte gemacht. Um Dich gleich im voraus über die Wüste zu beruhigen (im Hinblick auf unsere Sinaireise, die wir wahrscheinlich um den April machen), so höre, liebe alte Mutter, es gibt in der Wüste weder Augenentzündung, noch Ruhr, noch Fieber. Es gibt nichts dergleichen, und das ist alles; die einzige ernstliche Gefahr ist, vor Hunger oder Durst umzukommen, wenn man keine Vorräte hat. Wir haben einen vortrefflichen Dragoman, einen Mann von einigen fünfzig Jahren, einen Italiener, der dreiviertel Araber ist, einen phlegmatischen Schlingel, der alle Ecken und Winkel von ganz Ägypten kennt, ausgezeichnet auf allen Märschen, die wir machen, und unter einigen zwanzig Arabern gelungen anzusehen. Um einen Piaster (fünf Sous) rauft er sich eine Stunde lang mit ihnen. Dann flammt sein großes schwarzes Auge auf, er gestikuliert, erbleicht, schreit und bringt sie schließlich zum Schweigen. Er ist ein guter Koch, bittet uns, ihn unsere süßen Schüsseln machen zu lassen, versteht Vögel auszustopfen und Basreliefs abzugießen; er treibt alle möglichen Gewerbe und lacht nur dann, wenn er einen abkürzenden Weg gefunden hat, um uns von einem Ort zum andern zu führen.

Dann stützt er die Fäuste auf die Hüften, senkt die Nase und windet sich, wenn er auf sein Grautier klettert. Im Innern Kairos kommen wir nicht aus den Eseln heraus, oder vielmehr, wir gehen nicht ohne Esel aus; die Straßen sind so eng, daß ein anderes Beförderungsmittel nicht möglich ist, und die Stadt ist so groß, daß man keinen Gang zu Fuß machen könnte. Von den großen Herren bis zu den Pfeifenputzern trabt alle Welt auf seinem Langohr; man schreit, man macht Platz, man streift sich, man reitet weiter und verschwindet, alles ohne Gedränge und Unfall. Dreiviertel der Straßen sind kaum breiter als die Rue du Petit Puits. Oben stoßen die Häuser mit ihren Balkonen aus geschnitztem Holz zusammen, hinter den Mauern hört man Stimmen singen oder von Zeit zu Zeit den merkwürdigen Freudenschrei der arabischen Frauen widerhallen, der einem Klarinettentriller gleicht. Was Possenreißer, Hanswürste und Tänzerinnen angeht, so werden wir allem Anschein nach in Oberägypten in dieser so viel erträumten Farbe schwelgen können.

Am Fuß des Hügels, wo die Pyramiden stehen, sind wir heute vor acht Tagen (Freitag) um vier Uhr abends angekommen. Dort beginnt die Wüste. (Es war stärker als ich, ich habe mein Pferd mit verhängten Zügeln hinschießen lassen. Maxime ist mir gefolgt, und ich kam zum Fuß der Sphinx. Als ich das sah, was unbeschreibbar ist (man brauchte zehn Seiten, und was für Seiten!), hat sich mir einen Moment der Kopf gedreht, und mein Kamerad war weiß wie das Papier, auf dem ich schreibe. Beim Sonnenuntergang waren die Sphinx und die drei ganz rosigen Pyramiden wie in Licht ertränkt? das alte Ungeheuer sah uns mit erschrecklicher und unbeweglicher Miene an. Nie werde ich diesen merkwürdigen Eindruck vergessen. Wir haben dort drei Nächte am Fuß dieser alten Pyramidenkerle geschlafen, und offen gestanden, es ist wundervoll. Je mehr man sie sieht, um so größer erscheinen sie. Die Steine, die auf zwanzig Schritt so groß wie Pflastersteine aussehn, sind etwa von der Statur eines Menschen, und wenn man hinaufsteigt, wird alles in dem Maße größer, wie wenn man ein Gebirge besteigt. Gleich am andern Morgen haben wir die Besteigung begonnen. Die Araber, die einen führen, sind so geschickt – zwei ziehen einen von vorn und zwei schieben von hinten – daß man fast gegen seinen Willen fortgerissen wird. Ich, der ich keinen langen Wind habe, konnte vor Atemlosigkeit nicht mehr, als ich oben ankam. Es ist eine Sache von einer kleinen Viertelstunde.

Der Rest des Tages wurde darauf verwandt, das Innere der Pyramiden zu besuchen, die Gewölbe und die Gräber, in die ich aus Furcht vor dem Schwindel nicht hinabgestiegen bin – übrigens ein gefährlicher Abstieg, der die Mühe, die man sich gibt, nicht lohnt. Unter unserem Zelt haben wir reisende Engländer aufgenommen. Wir haben ihnen die Pfeife und den Kaffee geboten und alle möglichen Höflichkeiten ausgetauscht. Am folgenden Tage ein Ritt in das Innere der Wüste; Photographie, Noten. Nachts wehte der Wind in unser Zelt wie in das Segel eines Schiffes. Unsere Laterne hing in der Mitte und brannte. Die Pferde waren an Pfähle gebunden und schnaubten. Giuseppe besorgte, den Schaumlöffel in der Hand, die Küche, und um ihr Feuer sangen unsere Araber Litaneien, oder sie hörten einem unter ihnen zu, der eine Geschichte erzählte. Zum Schlafen graben sie sich mit den Händen Löcher in den Sand und legen sich wie Leichen in diese Art Gräben. Man kommt hier aus den Gräbern, Mumien, Trümmern jeder Art nicht mehr heraus; das Land um Sakkara herum besteht buchstäblich aus menschlichen Knochen. Um den Zügel meines Pferdes zu reparieren, nahm mein Saïs (Fußdiener, der vor den Pferden herläuft) einen Knochen statt etwas anderem. Der Boden ist an dieser Stelle von Souterrains untergraben, die Nekropolen gewesen sind.

In Memphis haben wir am Rande eines Sees kampiert, in einem Palmenwald, nahe bei dem Sesostriskoloß, der im Schmutz auf dem Bauch liegt. Von Memphis ist nichts mehr übrig. Man sieht nur Palmen, ein paar Ziegenherden, ein schönes, grünes Gras und hier und dort einen armen Araber, der die Beine in die Hand nimmt, wenn man auf ihn zu galoppiert. Ich bemerke, daß die Franken sehr respektiert werden; dazu tragen unsere Waffen und die Erinnerung an Napoleon viel bei; aber man muß auch sagen, viele Offiziere der Armee des Paschas sind Franzosen, und die armen Teufel wissen nie, mit wem sie zu tun haben. Vorgestern morgen, am 12., meinem Geburtstag, sind wir auf anderem Wege nach Kairo zurückgekehrt und die ganze Zeit unter den Palmen oder am Ufer des Nils geritten, und zwar im Schritt, um das Vergnügen zu verlängern, weswegen wir auch sieben Stunden auf einen Weg gebraucht haben, der nur vier verlangt.

Ich habe vom Grün geredet. Das mag Dir wunderlich erscheinen. Aber es gibt in Ägypten zweierlei, das eigentlich sobenannte Ägypten, das Tal, alles, was die Überschwemmung empfängt, und das ist grüner als die Normandie; und unmittelbar daneben den trockenen Sand, die Wüste, so daß diese beiden Farben brutal Seite an Seite stoßen, wenn man sie mit einem Blick überschaut, wie zum Beispiel von den Pyramiden herab. Man sieht Felder, Weiden, Moscheen und die Wüste, diesen großen Lumpen von einer Fläche, der bei Sonnenaufgang violett, mittags grau und abends rosig ist. Ah! all das ist ziemlich schnurrig.

****

An dieselbe.

Kairo, d. 5. Januar 1850.

Dein guter und langer Brief vom 16., arme, liebe Mutter, hat mich letzten Mittwoch als mein Neujahrsgeschenk erreicht. Ich stand im Begriff, unserm Herrn Konsul einen offiziellen Besuch zu machen, als man ihm ein großes Paket brachte, das er sofort entsiegelte. Ich ergriff das Couvert, das ich unter hundert anderen erkannte (die Hand juckte mir, es zu öffnen, aber ach! dem widersetzte sich der Wohlanstand). Zum Glück ließ er uns in den Salon seiner Gattinhinübertreten, um ihr unsere Aufwartung zu machen, und da auch sie einen Brief von ihrer Mutter erhalten hatte, haben wir uns, beinahe noch ehe wir uns begrüßten, gegenseitig die Erlaubnis gegeben, beiderseits zu lesen.

Wir haben einen Kamelritt gemacht!!! Nun, das Kamel macht, was man auch sage, weder seekrank, noch zerschlägt es einem die Glieder. Nach vier Stunden auf dem Dromedar waren wir nicht mehr ermüdet, als hätten wir in unseren Zimmern geruht. Man liegt da in einer Art Sessel; man wechselt die Stellung nach Gefallen, kreuzt die Beine oder streckt sie auf dem Hals des Tieres aus oder steckt sie in den Steigbügel. Hatten wir danach nicht genug vom Djemel geträumt, damit es uns unbequem sein konnte?

Ich komme um vor dem Bedürfnis, Dir meinen Beinamen zu sagen. Weißt Du, wie die Araber mich nennen? (da es ihnen sehr schwer wird, unsere französischen Namen auszusprechen, so erfinden sie sich, um die Franken zu unterscheiden, einen zu ihrem Gebrauch.) Rate ihn also, diesen famosen Namen. Abu Schenep, was heißt, der Vater des Schnurrbarts; das Wort Abu, Vater, wendet man auf alles an, was zu dem, wovon man redet, in Beziehung steht. So sagt man: Vater der Stiefel, Vater des Kleisters, Vater des Senfes, statt Stiefelhändler, Leimhändler, Senfhändler, und sie verstehen sich trotzdem unter sich, wie die Mutter Decaux sagte. (Maxens Name ist sehr lang und ich entsinne mich seiner nicht; er bedeutet, der außerordentlich magere Mann.) Stelle Dir meine Freude vor, als ich erfuhr, welche Ehre man diesem Teil meiner Person erwies!

Oft gehen wir, um Zeit zu gewinnen und nicht zum Frühstück hier ins Hotel zurückkehren zu brauchen, am frühen Morgen aus, und wenn uns der Hunger faßt, tafeln wir in einem türkischen Restaurant. Da reißt man alles mit den Händen klein, und man rülpst bis zum Überdruß. Der Speisesaal und die Küche sind eins, und der große, mit kleinen Töpfen besetzte Ofen kollert und raucht mit dem Küchenjungen in weißem Turban und aufgestreiften Ärmeln hinter einem. Ich schreibe die Namen aller Gerichte und ihre Rezepte sorgfältig auf. Ebenso habe ich alle Parfüme verzeichnet, die in Kairo hergestellt werden. Das kann mir irgendwo einmal sehr von Nutzen sein. Wir haben zwei

Dragomans genommen; abends kommt ein arabischer Erzähler und liest uns Märchen vor, und wir zahlen einen Effendi, der uns Übersetzungen herstellt. Aber wenn wir keine Zeit verlieren, so läuft dafür das Geld schnell fort, und zwar schneller als die Dromedare! Denn was diese kleinen Tiere betrifft, so haben wir zu sechs Meilen vier Stunden gebraucht. Du siehst, in welchem Zug das geht!

Um auf das Leben zurückzukommen, das wir hier führen, so habe ich vor einigen Tagen einen schönen Nachmittag gehabt. Maxime war, um ich weiß nicht was zu tun, zu Hause geblieben. Ich nahm Hassan (den zweiten Dragoman, den wir für den Moment gemietet haben) und begab mich zum koptischen Bischof, um mit ihm zu plaudern. Ich trat in einen viereckigen, säulenumgebenen Hof, in dessen Mitte sich ein kleiner Garten befand, das heißt ein paar große Bäume und Beete von düsterem Grün, die von einem Diwan aus Gitterholz begrenzt wurden. Mein Dragoman ging in seinen weiten Hosen und seiner großärmeligen Jacke vor mir her, ich hinterdrein. Aus einer Ecke des Diwans saß ein alter Knasterbart mit verdrießlichem Gesicht und weißem Bart, in weitem Mantel und auf allen Seiten von Büchern in barocker Schrift umgeben. In gewissem Abstand hielten sich drei Gelehrte in schwarzem Gewand, jünger und gleichfalls mit langen Bärten. Der Dragoman sagte: "Dies ist ein französischer Herr, kawadja franszau, der die ganze Erde bereist, um zu lernen, und der zu Dir kommt, um über Deine Religion zu plaudern." Das ist der Stil, in dem man von sich redet! Stellst Du Dir die Phrasen vor, die ich drechsle? Ebenso hat bald darauf, als ich bei einem Händler das Korn ansah, eine Frau mit einem Kind, der ich ein Almosen gegeben hatte, zu mir gesagt: "Gesegnet seiet Ihr, mein milder Herr: Gott gewähre Euch, daß Ihr wohlbehalten in Eure Heimat zurückkehrt." Solcher Segnungen und Formeln bedient man sich viel. Ein Saïs, den Max fragte, ob er nicht müde sei, antwortete: "Das Vergnügen an Deinen Augen genügt mir."

Ich komme also auf den Bischof zurück. (Er empfing mich mit vielen Höflichkeiten; man brachte den Kaffee, und bald rückte ich ihm mit Fragen über die Dreieinigkeit, die Jungfrau, die Evangelien, die Eucharistie zu Leibe; meine ganze Gelehrsamkeit vom Heiligen Antonius her wurde wieder flott. Es war prachtvoll, der blaue Himmel über unserm Kopf, die Bäume, die herumliegenden Schmöker, der alte Biedermann, der in den Bart brummte, um mit zu antworten, ich ihm zur Seite, die Beine gekreuzt, mit dem Bleistift gestikulierend und Notizen machend, während Hassan unbeweglich dastand und mit lebhafter Stimme übersetzte, wohingegen die drei anderen Gelehrten auf Schemeln saßen und mit dem Kopf ihre Meinung abgaben und von Zeit zu Zeit ein paar Worte interpretierten. Ich genoß es von Grund aus. Das war der alte Orient, das Land der Religionen und weiten Gewänder. Als der Bischof müde war, trat einer der Gelehrten an seine Stelle, und als ich schließlich sah, daß sie alle rote Backen hatten, bin ich gegangen. Ich werde noch wieder hingehen, denn es gibt da viel zu lernen. Die koptische Religion ist die älteste christliche Sekte, die es gibt, und man weiß in Europa fast nichts, um nicht zu sagen, nichts von ihr (wenigstens soweit ich weiß). Ebenso werde ich zu den Armeniern, den Griechen, den Sunniten und vor allem zu den muselmännischen Schriftgelehrten gehen.

Wir erwarten täglich die Rückkehr der Karawane aus Mekka; die Gelegenheit ist zu gut, um sie zu versäumen, und wir werden nicht eher nach Oberägypten aufbrechen, als die Pilger angekommen sind. Da sieht man ziemlich spaßhafte Dinge. Die Pferde der Priester treten auf den Leib der hingestreckten Gläubigen. Man sieht jede Art von Derwischen, Sängern etc.

Wenn ich indessen an meine Zukunft denke (das passiert mir selten, denn ich denke überhaupt an nichts, im Gegensatz zu den großen Gedanken, die man vor den Ruinen haben soll), kurz, wenn ich mich frage: Was werde ich nach der Rückkehr machen? was werde ich schreiben? was werde ich dann wollen? wo werde ich leben müssen? welchem Wege folgen? etc. etc., dann bin ich voll Zweifel und Unentschlossenheit. Von Jahr zu Jahr bin ich stets davor zurückgeschreckt, mir selber gegenüberzutreten, und mit sechzig Jahren werde ich krepieren, ohne eine Meinung über mich zu haben, und ohne vielleicht ein Werk gemacht zu haben, das mir mein Maß gibt. Ist der Heilige Antonius gut oder schlecht? das, zum Beispiel, frage ich mich oft; habe ich mich oder haben die anderen sich getäuscht? Im übrigenbeunruhige ich mich kaum über all das; ich lebe wie eine Pflanze, ich lasse mich von Sonne, Licht, Farben und freier Luft durchdringen; ich esse, das ist alles. Die Verdauung bleibt für später. Das ist das Wichtige. Du fragst mich, ob der Orient auf der Höhe dessen steht, was ich mir vorgestellt habe. Auf der Höhe, ja; und obendrein übertrifft er den Begriff, den ich mir von ihm machte, an Breite. Ich habe, was für mich ein Nebel war, klar gezeichnet gefunden. Die Tatsache ist an die Stelle der Ahnung getreten, so daß ich oft plötzlich alte, vergessene Träume wiederfand.

****

An M. Jules Cloquet.

Kairo, d. 15. Januar 1850.

Sie haben von meiner Mutter erfahren, lieber und ausgezeichneter Freund, daß wir in gutem Zustand in Kairo angekommen waren, und ihr vorletzter Brief bezeugt mir sogar Ihre Freude, als Sie erfuhren, daß ich die Überfahrt wie ein alter Pirat ausgehalten habe. Das ist wahr. Ich war der fidelste der Passagiere!!! Ich bin vor einigen Jahren nicht so stolz gewesen, Sie erinnern sich? als wir uns gemeinsam nach der korsischen Küste sehnten! das sagte ich mir, als ich es von ferne sah, dies wackere Korsika! an dessen Gedächtnis Sie immer teilhaben.

Da sind wir also in Ägypten, dem Land der Pharaonen, dem Land der Ptolemäer, der Heimat der Kleopatra (so sagt man im hohen Stil); wir sind da und leben da, und der Kopf ist kahler als ein Knie, und wir rauchen aus langen Pfeifen und trinken auf Diwanen Kaffee. Was soll ich darüber sagen? Was wollen Sie, daß ich Ihnen davon schreibe? Ich habe mich kaum erst vom ersten Taumel erholt. Es ist, als würfe man Sie in festem Schlaf mitten in eine Beethovensche Symphonie hinein, wenn das Blech einem das Ohr zerreißt, wenn die Bässe grollen und die Flöten seufzen. Das Detail faßt Sie, packt Sie, sticht Sie, und je mehr es Sie beschäftigt, um so weniger erfassen Sie das Ganze: dann allmählich kommt es zum Einklang und es ordnet sich von selber nach allen Forderungen der Perspektive. Aber die ersten Tage, der Teufel soll mich holen, ist es ein betäubender Wirrwarr von Farben, so daß die arme Phantasie wie vor einem Feuerwerk von Bildern ganz geblendet dasteht. Während man mit der Nase in der Luft einhergeht und die mit weißen Störchen bedeckten Minaretts betrachtet, die Terrassen der Häuser, wo sich ermüdete Sklaven in der Sonne strecken, die Mauerflächen, durch die Sykomorenzweige wachsen, klingt einem die Glocke der Dromedare ins Ohr, und große Herden schwarzer Ziegen ziehen durch die Straße und blöken mitten unter den Pferden, Eseln und Kaufleuten. Sobald es Nacht ist, trägt alle Welt ihre Leinwandlaterne, und die Sais (Fußdiener) der Paschas laufen in der Stadt einher, große, brennende Laternen in der linken Hand. Man stößt sich, man wehrt sich, man schlägt, man wälzt sich, man flucht auf jede Weise, man schreit in allen Sprachen; die heiseren semitischen Silben klatschen wie Peitschenschläge durch die Luft; man streift alle Kostüme des Orients, und man berührt all seine Völker (ich rede hier von Kairo). Man sieht zugleich den griechischen Pappas, der auf seinem Maultier einherzieht, den Arnauten in gestickter Jacke, den Kopten im schwarzen Turban, den Perser in seinem Pelzmantel, den Beduinen der Wüste mit dem kaffeebraunen Gesicht, der, in seine weißen Tücher gehüllt, ernst einherschreitet.

Man stellt sich das arabische Volk in Europa sehr ernst vor; hier ist es sehr lustig, sehr künstlerisch in seiner Gestikulation und seinem Zierrat. Die Beschneidungen und Hochzeiten scheinen nur Vorwände für Genüsse und Musikzu sein. An solchen Tagen hört man auf den Straßen das schrille Glucksen der arabischen Frauen, die auf ihren Eseln, in Schleier gehüllt und mit gespreizten Ellenbogen, schwarzen Vollmonden gleichen, die sich, ich weiß nicht auf was mit vier Pfoten, nahen. Die Autorität steht dem Volk so fern, daß es (in Worten) eine unbegrenzte Freiheit genießt. Die ärgsten Streiche der Presse könnten eine schwache Vorstellung von den Scherzen geben, die man sich auf den öffentlichen Plätzen erlaubt. Der Hanswurst rührt hier an das Erhabene des Zynismus. Wenn Boileau, der fand, das Lateinische trotze in seinen Worten dem Anstand, das Arabische gekannt hätte, guter Gott! was hätte er gesagt! Übrigens hat dies Arabische den Dragoman zum Verstehen kaum nötig; die Pantomime erklärt die Sache. Man geht so weit, Tiere herbeizuholen, um sie an obszönen Bilderrätseln teilnehmen zu lassen.

Der, der die Dinge mit einiger Aufmerksamkeit sieht, findet noch mehr wieder, als er findet. Tausend Begriffe, die man erst im Zustand des Keimens in sich trägt, werden weiter und präziser, wie eine erneuerte Erinnerung. So habe ich, als wir uns in Alexandria ausschifften, die Anatomie der ägyptischen Skulpturen in vollem Leben vor mir aufsteigen sehen: hohe Schultern, langer Rumpf, dürre Beine etc. Die Tänze, die wir vor uns haben tanzen lassen, zeigen einen zu hieratischen Charakter, um nicht von den Tänzen des alten Orients herzukommen, der hier immer noch jung ist, weil sich da nichts ändert. Die Bibel ist hier ein Gemälde zeitgenössischer Sitten. Wissen Sie, daß man noch vor wenigen Jahren ganz wie zu Apis' Zeiten den Mord eines Rindes mit dem Tode bestrafte? Sie sehen, es ist genug vorhanden, worüber man sich amüsieren, und worüber man viele Dummheiten sagen kann. Was uns angeht, so enthalten wir uns so viel wie möglich. Wenn wir etwas veröffentlichten, geschähe es nach der Heimkehr, aber von hier aus soll nichts durchdringen. Lavolée hatte mich um ein paar Artikel oder Brieffragmente für die Orientalische Revue gebeten. Er wird sich trotz meinerVersprechungen ohne sie abfinden; meine Absicht, noch lange nichts zu veröffentlichen, steht fest, und zwar aus mehreren Gründen, die ich für sehr ernst halte, und die ich Ihnen später auseinandersetzen werde, lieber Freund.

Sie erraten nach dem Vorhergehenden, auf welche Art wir leben: wir laufen den ganzen Tag die Bazare, die Moscheen und Gräber ab. Abends kommen wir kreuzlahm nach Hause und schnarchen wie Brummkreisel. Bisweilen machen wir in einem türkischen Restaurant Halt, um zu frühstücken. Da zerreißt man das Fleisch mit den Händen, man schöpft die Sauce mit seinem Brot, man trinkt Wasser aus Näpfen, das Ungeziefer läuft auf der Mauer, und alles, was da ist, rülpst um die Wette. Sie werden kaum glauben, daß wir dort ausgezeichnet essen, und daß man dort Kaffee trinkt, dessen Aroma imstande ist, Sie, Sie aus Paris bis hierher zu locken. Nichtsdestoweniger habe ich das erste Mal, daß ich dort war, viel an Mme. Cloquet gedacht, die schon Toulon so disgusting findet! Da ich mich entsinne, daß sie sehr patriotisch ist, so können Sie ihr im Vertrauen sagen, es sei fast unmöglich, daß England nicht in einiger Zeit Herrin von Ägypten wird; Aden hat es schon mit Truppen besetzt. Der Suezdurchgang wird sehr bequem sein, um eines schönen Morgens die roten Uniformen nach Kairo zu bringen. Das wird man in Frankreich vierzehn Tage darauf erfahren, und dann wird man sehr erstaunt sein! Denken Sie dann an meine Prophezeiung. Bei der ersten Bewegung, die sich in Europa abspielt, wird England Ägypten nehmen, Rußland Konstantinopel, und wir werden uns als Gegenmaßregel in den Syrischen Bergen massakrieren lassen. Hier ist nichts, was sich einem Einfall wiedersetzen könnte. Zehntausend Mann würden dazu genügen (vor allem Franzosen, wegen der Erinnerung an Bonaparte, den die Araber fast als einenHalbgott ansehn, das Wort ist nicht zu stark). Aber nicht für uns brät diese Pastete. Die europäischen Beamten werden der Lokalregierung, die sie verabscheuen, den Rock umdrehen, und alles ist zu Ende. Was das arabische Volk angeht, so ist es ihm höchst gleichgültig, wem es gehören wird; unter anderem Namen wird es stets das gleiche bleiben, ohne etwas dabei zu gewinnen, weil es nichts dabei zu verlieren hat. Abbas Pascha (das sage ich Ihnen ins Ohr) ist ein beinahe verrückter Kretin, außerstande etwas zu begreifen und etwas zu tun; er desorganisiert das Werk Mehemets; das wenige, was bleibt, taugt zu nichts. Die allgemeine Servilität, die hier herrscht (Niedrigkeit und Feigheit), läßt einem das Herz vor Ekel schwellen, und in diesem Kapitel sind sehr viele Europäer orientalischer als die Orientalen. Wenn Sie also Clot-Bey sehen, so danken Sie ihm in unserem Namen im voraus für die Empfehlungen an Linant Bey; sie sind uns sehr angenehm gewesen. Soliman Pascha behandelt uns fast wie seine Kinder. Es ist wahrscheinlich, daß wir mit ihm nach Oberägypten gehen werden. Der alte Haudegen ist ein ausgezeichneter Mann, offen wie ein Schwerthieb und grob wie ein Fluch. Was Clot-Bey angeht, so muß man nach Ägypten kommen, um ihn zu würdigen. Was er geschaffen hat, ist ungeheuer, versichere ich Sie.

Wir gehen bisweilen zu Gaetani Bey, der entzückt war, eine Karte von Ihnen zu erhalten, und der uns viel nach Ihnen gefragt hat. Übrigens sind Sie hier bekannt wie in Paris, und es gibt keinen so unbedeutenden (selbst arabischen!) Arzt, der nicht von Ihnen hätte reden hören, oder der Sie nicht in einer italienischen Übersetzung gelesen hätte. Einen Dienst, lieber Freund: wäre es eine

Indiskretion, oder läge ein Hindernis vor, daß Sie an Meschid Pascha schrieben, damit wir schon jetzt einen kaiserlichen Firman für das ganze ottomanische Reich erhielten? wir würden uns seiner in Palästina, Syrien, vor allem in Kurdistan und Armenien bedienen; für die Rückkehr wäre uns das sehr nützlich. Wir wollen zu dem Zweck an den General Aupik, den Gesandten in Konstantinopel, schreiben; wir werden ihn erhalten; aber eine gute Stütze von Meschid selber wäre ungeheuer. Sie sehen, wie die Frage gestellt ist, antworten Sie mir und handeln Sie mit der gleichen Zwanglosigkeit.

****

An Louis Bouilhet.

Kairo, d. 15. Januar 1850.

Heute mittag, lieber und armer Alter, habe ich Deinen guten und langen, so sehr ersehnten Brief erhalten; er hat mich bis ins Innerste bewegt. Wie ich an Dich denke, geh, alter Kerl! wievielmal am Tage rufe ich Dich auf und sehne Dich herbei! Wenn Du findest, ich fehle Dir, so fehlst Du mir auch; wenn ich mit der Nase in der Luft durch die Straßen ziehe, wenn ich den blauen Himmel ansehe, die Muscharabien, die Häuser und die vögelbedeckten Minaretts, träume ich von Dir wie Du in Deinem kleinen Zimmer der Rue Beauvoisine, am Kamin, während der Regen über Deine Scheiben läuft und Huard da steht. Es muß jetzt kalt sein, in Rouen, jene alte widerwärtige Kälte. Man hat nasse Pfoten und man langweilt sich, wenn man an die Sonne denkt. Wenn wir uns wiedersehen, werden viele Tage vergangen sein, ich meine viele Dinge. Werden wir immer noch die gleichen sein? Wird nichts in der Gemeinschaft unserer Wesen verändert sein? Ich bin zu stolz auf uns, um es nicht zu glauben. Arbeite immer, bleibe, was Du bist. Setze Deine verdrießliche und erhabene Lebensweise fort, und dann werden wir sehen, die Haut jener Trommeln zum Klingen zu bringen, die mir seit langem so straff gespannt halten. Ich suche überall, Dir etwas Schickes mitzubringen. Bis jetzt habe ich nichts gefunden, außer daß ich zu Memphis zwei oder drei Palmenäste abgeschnitten habe, um Dir Stöcke daraus zu machen.

Ich widme mich viel dem Studium der Parfümerie und der Herstellung der Salben; vorgestern habe ich die Hälfte einer Pastille gegessen und mein Körper ist davon drei Stunden lang "exhausted" gewesen; ich glaubte, Feuer auf der Zunge zu haben.

Es war Morgen, die Sonne ging vor mir auf; das ganze Niltal glich, im Nebel gebadet, einem weißen, regungslosen Meer, und die Wüste dahinter, mit ihren Sandhügeln, war wie ein zweiter Ozean von düsterem Violett, dessen jede Woge versteinert wäre. Unterdessen stieg die Sonne hinter der arabischen Kette empor, der Nebel zerriß zu großen, leichten Gazen, die von Kanälen durchschnittenen Weiden waren wie grüne, mit Booten arabeskierte Teppiche, so daß nur drei Farben vorhanden waren: ein ungeheures Grün zu meinen Füßen im Vordergrunde; der Himmel blondrot wie verbrauchter Purpur, hinten und seitwärts eine weitere warzige Fläche von schillernd rotgelbem Ton; dann im Hintergrunde die weißen Minaretts von Kairo und die Canjas, die auf dem Nil hinzogen, die beiden Segel aufgespannt (wie die Flügel einer Schwalbe, die man in Verkürzung sieht); hier und dort auf dem Lande ein paar Palmengruppen.

Ja, wir haben bei den Pyramiden Glück gehabt. Nachts schlug der Wind mit großen, schweren Stößen gegen unser Zelt wie in das Segel eines Schiffes. Einmal sind wir um zwei Uhr morgens wieder aufgestanden; die Sterne glänzten. Das Wetter war trocken und klar; hinter der zweiten Pyramide heulte ein Schakal. Unsere Araber lagen in Gräben, die sie sich mit den Händen zum Schlafen graben; zwei oder drei von ihren Feuern brannten. Ein paar saßen im Kreise und rauchten ihre Pfeifen, und ein alter von ihnen sang etwas Monotones, das einen Refrain hatte (es war schleppend und wurde mit halber Stimme gesungen). Wir sind in alle Pyramiden gedrungen, wir sind in den Gängen auf dem Bauch gekrochen und über den Dreck von Fledermäusen gerutscht, die um unsere Fackeln flatterten, und wir haben uns, so gut wir konnten, auf dem glitschigen Hang der Fliesen festgehalten. Es herrschen dort vierzig bis fünfzig Grad Wärme. Man erstickt leicht, aber nach kurzer Zeit gewöhnt man sich daran. In dem Brunnen von Sakkara haben wir uns derselben Leibesübung gewidmet, und wir haben ein paar Ibismumien herausgezogen, die noch in ihren Gefäßen staken. Im übrigen ist die Besteigung der Pyramiden und der Besuch ihres Innern (der ist vielleicht schwieriger) eine wahre Kinderei, was die Schwierigkeit anlangt. Das ist merkwürdig an ihnen, diesen wackeren Pyramiden, je mehr man sie sieht, um so größer erscheinen sie. Aus den ersten Blick, wenn man keinerlei Vergleichsobjekt daneben hat, ist man keineswegs von ihrer Statur überrascht. Auf fünfzig Schritt sieht jeder Stein nicht mächtiger aus als ein Pflasterstein. Man kommt heran, und jeder Stein ist acht Fuß hoch und ebenso breit. Aber wenn man hinaufsteigt und in der Mitte angelangt ist, wird es ungeheuer. Oben ist man ganz starr. Am zweiten Tage, als wir mit Sonnenuntergang von einem Ausritt zurückkamen, den wir nach hinten in die Wüste gemacht hatten, und an der zweiten Pyramide vorüberritten, ist sie mir ganz steil erschienen, und ich habe die Schultern gesenkt, als wolle sie mir darauffallen und mich zermalmen. Ihr ganzer Gipfel ist weiß vom Mist der Adler und Geier, die unaufhörlich um die Gipfel dieser Monumente kreisen, was mich an dieses Wort des heiligen Antonius erinnert hat: "Die Götter mit Ibisköpfen haben vom Mist der Vögel gebleichte Schultern." Maxime wiederholte immerfort: "Ich habe auf der libyschen Seite die Sphinx gesehen, die floh. Sie galoppierte wie ein Schakal." Bei dem Wort "wiederholen" fällt mir ein, ich nehme kein Bad, ohne diesen Vers vor mich hinzusagen, dessen ganze Feinheit Du nicht wie Trissotin verstehst:

Wo in die Wasser Rom hinabtaucht vor der Nacht.

Dieser Vers steigert das Vergnügen an meinem Bade. Er ist wie eine wärmere Temperatur über die Wärme der Badestube hinaus. Was diese alte Sphinx angeht, die zu Füßen der Pyramiden liegt und sie zu bewachen scheint, so sind wir in dreifachem Galopp auf sie losgestürmt, und ich habe da einen tüchtigen Schwindel gespürt. Maxime war blasser als mein Papier. Es ist verdammt merkwürdig und schwer verständlich zu machen. Es war stärker gewesen als ich, ich war vorausgestürmt und hatte alles zurückgelassen; Maxime hatte mich auf dem Sand wieder eingeholt, und wir galoppierten wie Rasende darauf los, das Auge auf die Sphinx (Abu Elul: den Vater des Schreckens) gerichtet, die immer größer und größer wurde und wie ein Hund, der aufsteht, aus der Erde emporwuchs. Keine Zeichnung, die ich kenne, gibt eine Vorstellung davon. Ihre Nase ist wie vom Krebs zerfressen, die Ohren stehen wie bei einem Neger ab; man sieht ihr noch die sehr ausdrucksvollen und erschrecklichen Augen an; der ganze Rumpf steckt im Sande; vor ihrer Brust befindet sich ein großes Loch, der Rest der Abräumung, die man versucht hat. Da vorne haben wir unsere Pferde angehalten, die geräuschvoll keuchten, während wir mit irrem Blick nur schauten. Dann hat uns die Wut gepackt, und wir sind ziemlich im selben Zug, mitten durch die kleinen Pyramiden hin, die den Fuß der Großen untersäen, wieder davongeritten.

Nicht jeden Tag hat man so "po-he-tische" Gefühle, Gott sei Dank! denn der kleine Bürgersmann ginge daran kaputt. In Memphis ist nichts mehr vorhanden als ein Koloß, der in einem Morast auf dem Bauche liegt; viel Palmen und Turteltauben darin. Auf der Rückkehr habe ich im Staube einen Skarabäus gefunden, den ich gepackt habe und der in meiner Sammlung aufgesteckt ist.

****

An denselben.

De Saltatoribus.

Wir haben noch keine Tänzerinnen gesehen, sie sind alle in Oberägypten im Exil. Die Partie, die wir das letzte Mal, als ich Dir schrieb, auf dem Nil machen sollten, ist nicht zustande gekommen. Übrigens ist dabei nichts verloren. Aber wir haben die Tänzer gesehen. O! O! O!

Wir haben Dich gerufen! Ich bin entrüstet gewesen und sehr traurig. Drei oder vier Musiker, die merkwürdigeInstrumente spielten (wir werden welche mitbringen), standen im Hintergrunde des Hotelsaals, während an einem kleinen Tisch ein Herr seine Mahlzeit abhielt und mir anderen, auf dem Diwan sitzend, unsere Pfeifen rauchten. Als Tänzer stelle Dir zwei ziemlich häßliche, aber entzückend korrumpierte Kerle vor, entzückend in der absichtlichen Verworfenheit des Blicks und der Weibischkeit in den Bewegungen, Kerle mit antimongemalten Augen in Frauenkleidern. Als Kostüm weite Hosen und eine gestickte Jacke, die bis zur Herzgrube hinabreicht, während die Hosen, die von einem riesigen in vielfache Falten gelegten Kaschmirgürtel gehalten werden, fast erst auf dem Unterleib beginnen, so daß der ganze Bauch, das Kreuz und der Ansatz der Hinterbacken durch eine schwarze Gaze nackt durchscheinen, die eng an der Haut anliegt, das heißt, von den unteren und oberen Gewändern gehalten wird. Sie furcht sich bei jeder Bewegung, die sie machen, auf den Hüften wie eine dunkle und durchsichtige Woge. Die Musik geht immer im selben Zuge fort, ohne anzuhalten, zwei Stunden lang. Die Flöte ist schrill, die Trommel hallt einem in der Brust wider, der Sänger beherrscht alles. Die Tänzer gehen und kommen wieder, sie marschieren und bewegen dabei das Becken mit kurzer, konvulsivischer Bewegung. Es ist ein "Muskeltriller" (der einzige Ausdruck, der paßt); wenn das Becken sich bewegt, bleibt der ganze Rest des Körpers unbeweglich. Wenn dagegen die Brust sich bewegt, rührt alles andere sich nicht. So kommen sie auf einen zu, die Arme, die mit Kupferkrotalen spielen, ausgestreckt, und ihr Gesicht bleibt unter ihrer Schminke und ihrem Schweiß ausdrucksloser als eine Statue. Ich meine damit, daß sie nicht lächeln. Die Wirkung entspringt dem Ernst des Kopfes im Gegensatz zu den lasziven Bewegungen des Körpers. Bisweilen werfen sie sich vollständig auf den Rücken zu Boden, wie eine Frau, die sich hinlegt, und sie stehen mit einer Bewegung des Kreuzes wieder auf, ähnlich der eines Baumes, der sich wiederaufrichtet, wenn der Wind vorüber ist. Bei den Grüßen und Reverenzen bauschen sich ihre weiten Hosen plötzlich wie ovale Ballons auf, dann scheinen sie zusammenzuschwinden, indem sie die Luft, die sie schwillt, entleeren. Von Zeit zu Zeit springt während des Tanzes der Führer, der sie herbeigebracht hat, um sie herum, indem er ihnen den Bauch und die Lenden umarmt und kühne Scherze macht, um die Sache zu würzen, die an sich schon klar ist. Es ist zu schön, um aufregend zu sein. Ich zweifle, ob die Frauen den Männern gleichkommen; ihre Häßlichkeit steigert es als Kunst nur. Ich habe mir für den Rest des Tages eine Migräne geholt.

Neulich habe ich ein Bad genommen. Ich saß allein im Hintergrunde des Baderaumes und sah zu, wie das Licht durch die dicken Glaslinsen fiel, die in der Kuppel stehen. Das warme Wasser floß auf allen Seiten; wie ein Kalb ausgestreckt, dachte ich an einen Haufen von Dingen; alle meine Poren erweiterten sich in Ruhe. Es ist eine große Wollust und von süßer Melancholie, so ganz allein ein Bad zu nehmen, verloren in jenen dunklen Sälen, wo das geringste Geräusch wie ein Kanonenschuß widerhallt, während sich die nackten Kellaks untereinander rufen und einen handhaben und umdrehen wie Einbalsamierer, die einen für das Grab zurechtmachen.

Wir sind gegen ein Bakschisch (das Bakschisch und der Stockschlag sind die Grundlage des Arabers man hört nichts anderes und man sieht nur das) eingeweiht worden.

Man hat uns Schlangen um den Hals gelegt, um die Hände; man hat über unseren Köpfen Beschwörungen hergesagt; man hat uns in den Mund geblasen: es war sehr amüsant. Die Leute, die so verwerfliche Industrien betreiben, führen ihre gemeinen Gaukeleien, wie M. de Voltaire sagte, mit merkwürdigem Geschick aus. Bei M. de Voltaire fällt mir ein: was Du mir bei Gelegenheit Deiner zu Mauny verbrachten Nacht über ihn sagst, hat mich bewegt. Ich habe vor zweieinhalb Jahren mehrere Monate in diesem Schloß gewohnt, es sind meine ältesten Erinnerungen. Ich entsinne mich eines Rasenrunds mit einem Hausmeister, der in schwarzem Rock darüber hinging, großer Bäume und eines langes Ganges, an dessen Ende links das Zimmer lag, in dem ich schlief.

Wir plaudern mit den Priestern über alle Religionen. Es ist bisweilen in Haltungen und Posen von Menschen wirklich schön. Wir lassen von Liedern, Märchen, Überlieferungen, von allem, was das populärste und orientalischste ist, Übersetzungen herstellen. Wir beschäftigen Belehrte, das ist buchstäblich gemeint. Wir haben groteske Köpfe, viel Unverschämtheit, riesige Sprachfreiheit. Der Hotelier, bei dem wir wohnen, findet sogar, wir gehen bisweilen ein wenig weit.

In den nächsten Tagen wollen wir den Zauberern einen Besuch machen. Immer mit dem Ziel jener alten Bewegungen.

Armer lieber Kerl, ich habe rechte Lust, Dich zu umarmen, ich werde zufrieden sein, wenn ich Dein Gesicht wiedersehe. Gestern, als ich Deine Verse las, habe ich meine Übertreibung noch übertrieben, um mir ein Vergnügen zu machen und mir die Illusion zu verschaffen, als wärst Du da.

Besuche meine Mutter oft, tröste sie, schreibe ihr, wenn sie fort ist, die arme Frau hat es nötig. Da wirst Du etwas sehr Evangelisches tun, und zum Studieren wirst Du die schamhafte Mitteilung einer guten und geraden Natur kennen lernen. Ah! armer alter Kerl, ohne sie und Dich denke ich kaum an die Heimat, ich meine, an mein Haus. Hier sehe ich niedliche Beispiele von Gemeinheit: das ist antik. Es lebe die despotische Regierung, wenn es gilt, die Menschenwürde zu erniedrigen! Erbarmen, was für Kanaillen, all diese Schufte da! Abends, wenn Du nach Hause kommst und die Verse nicht gehen wollen, dann stütze den Ellbogen auf den Tisch, nimm ein Blatt Papier und schicke mir alles, alles. Ich habe Deinen Brief verschlungen und mehrmals wieder gelesen. Adieu, ich umarme Dich und bin mehr als je "Maréchal de Richelieu, juste-au-corps-bleu, Mousquetaire gris, régence et cardinal Dubois sacrebleu"!

Dein, mein Braver.

****

An seine Mutter.

Kairo, d. 3. Februar 1850.

Wir werden wahrscheinlich nächsten Mittwoch nach Oberägypten aufbrechen; am Abend unseres Aufbruchs sollen wir bei Soliman Pascha dinieren. Unsere Barke wird uns an seiner Tür erwarten, und nach dem Diner werden wir, wenn Wind weht, aufbrechen. Wir wollen so schnell wie möglich aufwärts gehen und uns nur aufhalten, wenn es an Wind fehlt, was scheinbar nicht sehr häufig eintritt und erst bei der Rückkehr werden wir uns nach Muße aufhalten.

Unsere Canja ist blau angestrichen, ihr Raïs (Kapitän) heißt Ibrahim. Die Mannschaft besteht aus neun Leuten. Zum Wohnen haben wir erstens einen Raum, in dem sich zwei kleine Diwans gegenüberstehen. Dann ein großes Zimmer mit zwei Betten, ferner eine Art Kammer, wo wir unsere Sachen unterbringen, und schließlich einen dritten Raum, wo Sassetti schlafen wird, und der zugleich unser Magazin ist. Der Dragoman wird auf Deck schlafen. Es ist ein Herr, der sich, seit wir ihn haben, noch nicht ausgezogen hat; stets in Leinwand gekleidet, findet er immer, daß ihm zu warm ist. Seine Sprache ist unglaublich und seine Person noch merkwürdiger. Im übrigen ist es ein ungestümer und wackerer Kerl. Man könnte mit ihm bis zu den Antipoden gehen, ohne daß einem ein Schaden geschähe.

Ich habe mich sehr erkältet, weil ich fünf Stunden lang auf einer Mauer gestanden habe, um die Zeremonie des Danseh zu sehen. Das ist folgendes: das Wort Danseh heißt Trampelei, und nie hat ein Name besser gepaßt. Es handelt sich um einen Menschen, der zu Pferde über mehrere andere hinreitet, die wie Hunde am Boden liegen. Diese Zeremonie wiederholt sich zu gewissen Zeiten des Jahres, und nur in Kairo, zum Gedächtnis und zur Erneuerung des Wunders eines bestimmten heiligen Muselmanns, der einstmals so in Kairo eingezogen ist, indem er mit seinem Pferde über Glasgefäße wegritt, ohne sie zu zerbrechen. Der Scheik, der diese Zeremonie erneuert, darf die Menschen so wenig verletzen, wie der Heilige die Glasgefäße zerbrochen hat. Wenn die Menschen dabei umkommen, so geschieht es wegen ihrer Sünden. Ich habe Derwische dabei gesehen, die sich eiserne Spieße in den Mund und die Brust gesteckt hatten. An den beiden Enden des eisernen Stabes waren Orangen aufgehängt. Die Menge der Gläubigen brüllte vor Begeisterung; dazu denke Dir eine wilde Musik, die einen wahnsinnig machen könnte. Als der Scheik zu Pferde erschien, legten meine Burschen sich Kopf an Fuß zu Boden; man reihte sie wie die Heringe hin, den einen dicht neben den andern, damit zwischen den Leibern kein Zwischenraum blieb. Ein Mann ging darüber weg, um zu sehen, ob dieser Boden aus Leibern auch gut zusammenschloß, und dann begann, um die Menge zurückzudrängen, ein Hagel, ein Gewitter, ein Sturm von Stockschlägen rechts und links aufs Geratewohl auf die niederzuregnen, die gerade dastanden (wir sassen auf einer Mauer, Sassetti und Joseph zu unseren Füßen). Wir sind von elf bis fast vier Uhr dageblieben. Es war sehr kalt, und wir hatten kaum Platz, uns zu rühren, so viele Leute waren da, und so eng war unser Platz. Aber er war ausgezeichnet, und nichts ist uns entgangen. Man hörte die Palmenstöcke dumpf auf die Tarbuschen dröhnen, die Trommelschlägel auf Trommeln voller Werg, oder vielmehr auf Wollenballen. Das ist genau. Der Scheik ritt vor; sein Pferd wurde von zwei Saïs, er selber von zwei weiteren gehalten; der gute Mann hatte es nötig. Die Hände begannen ihm zu zittern, ein Nervenanfall faßte ihn, und am Schluß seines Rittes war er fast ganz ohnmächtig. Sein Pferd ging im Schritt über die Leiber von mehr als zweihundert Menschen, die platt auf dem Bauch lagen. Was die angeht, die dabei gestorben sind, so kann man darüber unmöglich etwas wissen; die Menge stürzt derartig hinter dem Scheik her, sobald es vorüber ist, daß es nicht leichter zu erfahren ist, was aus diesen Unglücklichen wird, als das Schicksal einer Nadel zu verfolgen, die in einen Gießbach geworfen wird. Den Abend vorher waren wir in einem Derwischkloster gewesen, wo wir einige von dem ewigen Anrufen Allahs in Krämpfe fallen sahen. Das sind nette Schauspiele, die M. de Voltaire gewaltig hätten lachen machen. Was für Reflexionen hätte er nicht über den armen Menschengeist angestellt! über den Fanatismus!

den Aberglauben! Mich macht das durchaus nicht lachen! Es nimmt zu sehr in Anspruch, um erschreckend zu wirken. Furchtbarer ist ihre Musik.

Es ist ein gelungenes Land, dieses Land. Gestern zum Beispiel waren wir in einem Café, das zu den schönsten in Kairo gehört, und wo zugleich mit uns ein Esel im Café war, der kackte, und ein Herr, der in einer Ecke pißte. Das findet niemand merkwürdig, niemand sagt etwas dazu. Zuweilen steht jemand neben einem auf und beginnt sein Gebet herzusagen, indem er sich weit hinwirft und laut ruft, als wäre er allein. Man wendet nicht einmal den Kopf, all das erscheint ganz natürlich. Kannst Du Dir einen Menschen vorstellen, der im Café de Paris sein Benedicite hersagt?

Du sprichst mir von meiner Mission. Ich habe fast nichts zu tun, und ich glaube, ich werde fast nichts tun. Ich müßte mehr Stirn haben als ich habe, um danach eine Belohnung zu verlangen. Ich werde immer weniger gierig auf alles, was es auch sei. Nach meiner Heimkehr werde ich mein gutes und schönes Arbeitsleben wieder aufnehmen, in meinem großen Schreibzimmer, auf meinen guten Sesseln, bei Dir, meine arme alte Mutter, und das wird alles sein. Sprich mir also nicht davon, mich zu drängen; mich wozu zu drängen? Was kann mich befriedigen außer dem dauernden Genuß des runden Tisches? Habe ich nicht alles Beneidenswerteste, was es in der Welt gibt? die Unabhängigkeit. Die Freiheit meiner Phantasie, meine zweihundert geschnittenen Federn und die Kunst, sie zu gebrauchen. Und dann ist der Orient, vor allem Ägypten, ein Land, das alle kleinen weltlichen Eitelkeiten tötet. Wenn man so viele Ruinen durchläuft, denkt man nicht mehr daran, sich Hütten zu errichten; all dieser alte Staub macht einen gleichgültig gegen den Ruhm. Gegenwärtig sehe ich keineswegs (nicht einmal vom literarischen Gesichtspunkt aus) die Notwendigkeit, von mir reden zu machen. In Paris wohnen, publizieren, sich regen, all das erscheint mir, von so fern gesehen, so ermüdend. Vielleicht werde ich in zehn Minuten anderer Meinung sein. Aber ich verlange nur eins von meinesgleichen – daß sie mich in Ruhe lassen, wie ich es mit ihnen tue.

****

An dieselbe.

Benisuef, d. 4. Februar, an Bord der Canja.

In den acht Tagen, die wir unterwegs sind, haben wir etwa fünfundzwanzig Meilen gemacht, da wir den Wind vom zweiten Tage an gegen uns hatten, oder vielmehr kaum Wind hatten, außer letzte Nacht. Man war fast die ganze Zeit gezwungen, am Tau zu ziehen. Wenn der Wind fehlt, ziehen die Leute ihr Hemd aus und schwimmen ans Ufer, um zu tauen. Heute morgen hat man einen mit einem tüchtigen Fußtritt in den Hintern in den Fluß geworfen, weil man fand, daß er bei einem Manöver nicht schnell genug war. Wenn man nicht taut, stößt man mit großen Ruderstangen vorwärts. Auf die Art macht man bei tüchtiger Arbeit drei bis fünf Meilen am Tage.

Das Wetter ist schön; die Sonne beginnt zu brennen; der Nil ist glatt wie ein Ölfluß. Zur Linken haben wir die ganze arabische Kette, die abends violett und azur ist. Rechts Ebenen, dann die Wüste. Die Ufer des Nil gleichen dem Ufer des Meeres; man meint eher auf dem Strand des Ozeans zu sein. Stellenweise findet man ziemlich ebenso weiten Strand wie beim Mont Saint-Michel. Es herrscht absolutes Schweigen; wir hören nichts als das Wasser fließen. Bisweilen zieht in der Ferne eine Schar Kamele vorbei. Am Rande des Wassers lassen sich Vögel zum Trinken nieder; von Ort zu Ort umschließt eine Palmengruppe ein Dorf, dessen Häuser aus Schilf und Lehm gebaut sind. Wenn wir aussteigen und hingehen, bringen die Kinder sich aus Angst vor unseren Gewehren mit den Beinen in den Händen in Sicherheit; die Frauen verschleiern sich und wenden den Kopf ab.

Wir führen ein gutes Leben, arme, angebetete alte Mutter. Ah! wie ich Dich herbeisehne! wie all das Dir gefallen würde! Wenn Du wüßtest, welche Ruhe rings um uns herrscht! und in welchen friedlichen Tiefen man den Geist herumirren fühlt! Wir faulenzen, wir flanieren, wir träumen. Morgens treibe ich Griechisch; ich lese Homer; abends schreibe ich. Im Laufe des Tages nehmen wir oft die Flinten auf den Rücken und gehen jagen.

****

An dieselbe.

Zwischen dem Berg Farschut und Resseh, d. 3. März 1850.

Wir führen ein Leben des Nichtstuns und Träumens; den ganzen Tag auf unseren Teppich gelagert, rauchen wir Tschibuks und Nargilehs, trinken Limonade und sehen die Flußufer an (es ist schon eher ein Strand; es sieht aus wie das Meer). Man meint eine lange Seefahrt zu machen und immer an den Küsten eines Kontinentes hinzufahren. Momente lang glaubt man sich auf einem ungeheuren See, dessen Grenzen man nicht sieht. Auf der Linken verläßt uns die arabische Kette nicht. Bald ist es eine steil abschneidende Klippe, andere Male warzt sie sich zu Hügeln, die große, parallele Landlinien wie den Rücken einer Hyäne mit Grau streifen.

Übrigens haben wir an wilden Tieren heute zum erstenmal mehrere Krokodile gesehen. Max hat mehrere geschossen und keins getötet. Es ist wegen der außerordentlichen Feigheit dieses großen Tiers, das beim geringsten Geräusch flieht, sehr schwer.

Von Zeit zu Zeit begegnet man einer Canja, die nach Kairo hinunterfährt. Die Dragomans der beiden Boote rufen einander an. Man steigt auf Deck und sieht sich ohne ein Wort vorübergleiten. Wenn das Boot, das man kreuzt, die dreifarbene Flagge trägt, begrüßt man sich mit vier Flintenschüssen, man ruft sich politische Neuigkeiten zu, und mitunter braßt man auf, um sich einen Besuch zu machen. So sind wir vor ein paar Tagen zu Benisuef an Bord einer Canja gestiegen, auf der ein gewisser M. Robert aus der Dauphiné in Begleitung eines Polen reiste, dessen Namen ich, wohlverstanden, in seiner Eigenschaft als polnischen Namen vergessen habe. Als er meinen erfuhr, sagte er zu mir: "Ah! Monsieur, Sie tragen den Namen eines Mannes, den ich gut gekannt habe (da habe ich die Ohren gespitzt); ich habe einen berühmten Arzt gekannt, der ebenso hieß wie Sie" etc. Als ich ihm sagte, das sei mein Vater, hat er mir viele Schmeicheleien und Komplimente gesagt. Dieser Pole hat in Neufchâtel gewohnt und mich nach mehreren Familien in Rouen gefragt; er kennt Orlowski. Es ist ein Mann von mittlerer Statur, braun, mit sehr schönen schwarzen Augen. Der Arzt von Sint, mit dem ich gesprochen habe, und der ihn ein paar Tage vor uns gesehen hatte, glaubt, daß er selber auch Arzt ist. Diese unerwartete Begegnung hat mir ein eigenartiges Vergnügen gemacht, das Du besser begreifen wirst, als ich es Dir schreiben könnte.

Unsere Gesundheit ist ausgezeichnet; wir werden alle fett, Maxime eingeschlossen, was fabelhaft erscheinen kann.Wenn wir auf Joseph hörten, würden wir vor lauter Essen platzen. Er träumt nur von gezuckerten Schüsseln, die erdouces nennt, und von Ragouts, die er petites friddouses nennt. Übrigens werden wir diesen Sommer in Syrien zusammenschmelzen, wo wir ein härteres Leben führen werden.

****

An dieselbe.

Assuan (Syene), d. 12. März 1850.

Da sind wir in Assuan vor dem ersten Katarakt und haben noch, um das Ende unserer Nilreise zu erreichen, ungefähr 65 Meilen zu machen; wenn wir guten Wind haben, ist das für etwa zehn Tage. Dann werden wir ganz langsam wieder abwärts fahren und uns überall ein wenig aufhalten. Was es hier zu sehen gibt, ist ungeheuer. Man brauchte Jahre, nicht Wochen. Wir reisen übrigens langsam, ohne uns zu ermüden, sehen alles, was uns vor der Nase vorbeikommt, mit langen Blicken an, schlafen viel, essen ebenso und haben eine Gesichtsfarbe von entzückender Frische, obgleich die Sonne unser Leder tüchtig gebräunt hat.

Wir kommen nach Nubien hinein. Die Natur ist eine ganz andere. Die Landschaft ist von Negerwildheit; am ganzen Nil hin, der jetzt eingeengt wird, Felsen; die Palmen mindestens fünfzig Fuß hoch, und Sandgebirge, die in der Sonne aus Goldstaub zu bestehen scheinen. Wir sind vorhin auf der Insel von Elephantine spazieren gegangen. Ganz nackte Kinder folgten unter den Palmen. An der Schwelle der Hütten blickten uns Frauen von der Farbe gebrannten Kaffees, die statt jeder Kleidung eine kleine Lederhose tragen, nach, wenn wir vorüberkamen, und öffneten ihre Fayenceaugen weit und starr. Die Sonne ging über den Bergen unter; eine große, grüne Weide dehnte sich vor uns, zwischen den Datteln, die sie einrahmten, und in der Ferne glänzte der Nil in dem ungleichmäßigen Einschnitt der Granitfelsen, die er durchschneidet. Wenn sie den Fluß überschreiten wollen, fangen die Einheimischen es folgendermaßen an: zunächst zieht man sein Hemd aus und rollt es sich als Turban um den Kopf, man steigt rittlings auf zwei Schilfgarben, die zusammengebunden sind und auf beiden Seiten spitz auslaufen; dann schlägt man das Wasser abwechselnd rechts und links mit einem Ruder. Mitten auf dem Wasser sieht man so diese schwarzen Tritone, die ruhig dahinziehn, die Beine vor sich auf ihrem sonderbaren Nachen hingehockt.

Heute morgen hat man uns einen großen lebendigen Storch gebracht; nachdem wir ihn eine Stunde lang festgehalten hatten, haben wir ihn wieder losgelassen. Er hatte rote Füße und sein Körper war ganz weiß.

Neulich haben uns die Beduinen in dem Moment, als wir von Esneh aufbrechen wollten, für vier Piaster (zwanzig Sous) eine Gazelle verkauft, die sie morgens getötet hatten. Zwei Tage lang haben wir davon gelebt; das ist ausgezeichnet. Wir haben ihren Kopf behalten, und Joseph hat ihre Haut abgetrennt, um mir einen Teppich daraus zu machen. Es wäre nicht schwer, eine lebendig zu bekommen. Ich möchte gern eine nach Croisset mitbringen, für die Kleine, aber die Umstände, die uns das machen würde, werden mich an diesem Plan hindern, den ich seit langem hege. Krokodile sehen wir fortwährend, die Schufte haben ein zähes Leben. Man müßte sie im Schlaf überrumpeln, aber ich glaube, sie wachen immer. Nach Mumien haben wir unsere Suche noch nicht begonnen. Übrigens werden wir uns bald, auf der Rückfahrt, an die Arbeit machen. Maxime will seine Photographierwut wieder beginnen; ich muß hoffen, daß ich während dieser Zeit an den unglücklichen Bouilhet schreibe, von dem ich keinerlei Nachricht habe.

In Esneh haben wir einen Tänzerinnenabend gehabt. Er war anständig, mehr sage ich nicht! denn er verdiente eine sehr stilisierte Schilderung. Eine von diesen Frauen hatte einen zahmen Hammel, der (aus Scherz) mit gelbem Hennah gefleckt war und einen Maulkorb aus Sammet trug. Er folgte ihr wie ein Hund; der Tanz dieser Damen gehört zum Wunderbarsten, was man sehen kann. Das allein ist die Reise wert (ohne Enthusiasmus).

****

An Louis Bouilhet.

D. 13. März 1850, an Bord unserer Canja, 12 Meilen jenseits von Syene.

In sechs oder sieben Stunden kommen wir unter dem Wendekreis dieses alten Hundsfotts von einem Krebs durch. In diesem Moment haben wir 30 Grad Wärme im Schatten; wir gehen barfuß im Hemd; ich schreibe Dir auf meinem Diwan zum Lärm der Tarabuks unserer Matrosen, die singen, indem sie in die Hände klatschen. Die Sonne trifft senkrecht auf das Zelt unseres Decks. Der Nil ist glatt wie ein Stahlfluß. Auf den Ufern stehen große Palmen. Der Himmel ist ganz blau. O armer alter Kerl, armer alter Kerl meines Herzens.

Was machst Du, in Rouen? Ich habe lange keine Briefe mehr von Dir erhalten, oder genauer, ich habe erst einen von Ende Dezember erhalten, und auf den habe ich sofort geantwortet; vielleicht wartet ein zweiter in Kairo auf mich, oder er ist jetzt unterwegs, um zu mir zu stoßen. Meine Mutter schreibt mir, sie sieht Dich kaum häufig. Warum das? Wenn es Dich zu sehr langweilt, tu es ein wenig um meinetwillen und versuche, mir zu sagen, was in jeder möglichen Hinsicht in meinem Hause vorgeht. Bist Du in Paris gewesen? bist Du noch wieder zu Gautier gegangen? und hast Du Pradier gesehen? Was ist aus der Reise nach England geworden, gelegentlich des chinesischen Märchens? Ich brumme oft Verse von Dir vor mich hin, alter Kerl. Ich muß Dir gleich eine glänzende Genugtuung in betreff des Wortes vagabond, angewandt auf den Nil, zuteil werden lassen:

Que le Nil vagabond roule sur ses rivages!

Es gibt keine richtigere, präzisere und zugleich allgemeinere Bezeichnung. Es ist ein närrischer und prachtvoller Fluß, der eher als irgend etwas sonst einem Ozean gleicht. Sandstrände dehnen sich unabsehbar auf seinen Ufern, vom Winde gefurcht wie der Strand des Meeres. Das hat solche Verhältnisse, daß man nicht mehr weiß, wie der Strom geht, und oft glaubt man sich auf einem großen See eingeschlossen. Ah! aber! Wenn Du einen ein wenig genauen Brief erwartest, so täuschst Du Dich. Ich sage Dir in allem Ernst, mein Intellekt ist sehr gesunken.

Was die Arbeit angeht, so lese ich jeden Tag in der Odyssee, griechisch. Seit wir auf dem Nil sind, habe ich vier Gesänge verschlungen; da wir über Griechenland zurückreisen, so wird mir das nützlich sein können. Die ersten Tage hatte ich begonnen, ein wenig zu schreiben, aber Gott sei Dank habe ich bald die Ungereimtheit eingesehen. Es ist besser, man ist nur Auge, ausschließlich. Wir leben, wie Du siehst, in krasser Faulheit, bringen unsere ganzen Tage, auf unseren Diwans liegend, damit zu, anzusehen, was vorübergleitet, von den Kamelen und Rinderherden des Sennaar an bis zu den Barken, die, mit Negerinnen und Elefantenzähnen beladen, nach Kairo hinunterfahren. Wir sind jetzt, mein lieber Herr, in einem Lande, wo die Frauen nackt sind, und man kann mit dem Dichter sagen, wie die Hand, denn statt jeden Kostüms tragen sie nur Ringe. Ich habe Töchter Nubiens gesehen, die Halsketten aus Goldpiastern trugen, die ihnen bis auf die Lenden fielen, und auf ihrem schwarzen Bauch trugen sie Gürtel aus bunten Perlen. Und ihr Tanz! Doch gehen wir der Reihe nach.

Von Kairo bis Benisuef nichts sehr Merkwürdiges. Wir haben zehn Tage gebraucht, um diese 25 Meilen zu machen, und zwar wegen des Kamsin oder Simun (Mörder), der uns aufgehalten hat. Nichts, was man über ihn sagt, ist übertrieben. Es ist ein Sandsturm, der einen überfällt. Man muß sich einschließen und ruhig halten; unsere Vorräte allein haben sehr darunter gelitten, da der Staub in alles eindringt, sogar in die verlöteten Weißblechkästen. Die Sonne sieht an solchen Tagen aus wie eine Bleischeibe, der Himmel ist blaß, die Barken auf dem Nil drehen sich wie Kreisel. Man sieht keinen Vogel, keine Fliege. In Benisuef angekommen, haben wir einen fünftägigen Ausflug zum See Moeris gemacht. Aber da wir nicht bis zum Ende gekommen sind, werden wir noch einmal dahin zurückkehren, wenn wir erst wieder in Kairo sind. Bisher haben wir übrigens wenig gesehen; denn wir nutzen den Wind aus, um den fernsten Punkt unserer Reise zu erreichen; erst auf der Rückfahrt werden wir uns überall aufhalten. Da wir die Absicht haben, nach Kosseïr zu gehen, an die Ufer des Roten Meeres und in die große Oase von Theben, so ist es sicher, daß wir vor Ende Mai nicht wieder in Kairo sein werden, was unsere Reise nach Syrien bis in den Juni hinausschiebt.

In Medinet-el-Fajun haben wir bei einem Christen aus Damaskus gewohnt, der uns Gastfreundschaft erwiesen hat. Bei ihm wohnte als ständiger Tischgenosse ein katholischer Priester.

Unter dem Vorwand, daß die Moslemiten keinen Wein trinken, betrinken sich diese wackeren Christen in Branntwein. Die Menge von kleinen Gläsern, die man aus religiöser Brüderlichkeit hinuntergießt, ist unglaublich. Unser Wirt war ein ein wenig gebildeter Mann, und da wir im Lande des heiligen Antonius waren, haben wir von ihm, von Arius, vom heiligen Athanasius und so weiter geplaudert. Der wackere Mann war entzückt. Weißt Du, was er an den Wänden des Zimmers, in dem wir geschlafen haben, hängen hatte? einen Stich mit einer Ansicht von Quilleboeuf und einen zweiten mit einer Ansicht der Abtei von Graville! Das hat mir viel zu träumen gegeben. Der Besitzer freilich wußte nicht, was diese beiden Bilder darstellten. Wenn man so zu Lande reist, schläft man abends in Häusern aus getrocknetem Schlamm, durch deren Dach aus Zuckerrohr man die Sterne betrachten kann. Bei der Ankunft läßt der Sheik, bei dem man wohnt, einen Hammel schlachten; die Häupter des Ortes kommen und machen einem einen Besuch und küssen einem einer nach dem andern die Hände. Man läßt sich mit dem Aplomb eines großen Sultans behandeln und setzt sich dann zu Tisch; das heißt, alle setzen sich auf den Boden, rund um die gemeinsame Schüssel, in die man die Hände taucht, und man reißt um die Wette ab und kaut und rülpst. Das ist die gesellige Artigkeit des Landes, man muß nach den Mahlzeiten rülpsen. Ich ziehe mich da schlecht aus der Affäre.

In einem Ort namens Djebel-Zeir haben wir ein ziemlich gutes Bild genossen: oben auf einem Berg, der den Nil beherrscht, steht ein Koptenkloster. Sie haben die Gewohnheit, sobald sie eine Reisecanja sehen, von ihrem Berg herabzukommen, sich ins Wasser zu werfen und zu einem heranzuschwimmen, um Almosen zu erbetteln. Man wird von ihnen gestürmt. Man sieht diese Kerle ganz nackt die senkrechten Felsen hinunterklettern und aus Leibeskräften auf einen losschwimmen, indem sie, so laut sie können, schreien: "Bakschisch, Bakschisch, cawadja christiani!" (Gebt uns Geld, Herr Christ); und da es an dieser Stelle viele Höhlen gibt, so wiederholt das Echo mit Kanonenlärm:cawadja, cawadja ... Die Geier und Adler fliegen einem über dem Kopf, das Boot streicht mit seinen beiden großen ausgespannten Segeln auf dem Wasser hin. In diesem Moment tanzte einer unserer Matrosen (der Groteske an Bord) ganz nackt einen lasziven Tanz; um die christlichen Mönche zu vertreiben, zeigte er ihnen seinen Hintern, während sie sich an den Bordrand der Canja anklammerten. Die anderen Matrosen riefen ihnen Schimpfworte zu, in denen die Worte Allah und Mohammed immer wiederholt wurden. Die einen versetzten ihnen Stockschläge, andere hieben mit Tauen auf sie los; Joseph klatschte mit Küchenzangen auf sie ein. Es war ein Tutti von Mönchskappen, Geschrei und Gelächter. Sobald man ihnen etwas Geld gegeben hat, stecken sie es in den Mund und steigen auf demselben Wege wieder hinauf. Wenn man ihnen nicht auf diese Weise tüchtige Prügel austeilte, würde man von solchen Massen angefallen, daß Gefahr wäre, das Boot zum Umschlagen zu bringen.

Anderswo besuchen einen nicht mehr die Menschen, sondern die Vögel. In Skerk-Said gibt es einen Santon (Grabkapelle zu Ehren eines moslemitischen Heiligen), wo die Vögel die Nahrung, die man ihnen gibt, von selber niederlegen. Diese Nahrung dient den armen Reisenden, die dort vorüberkommen. (Wir, die wir Voltaire gelesen haben, glauben daran nicht mehr. Aber hier ist man so zurück! Man singt hier so wenig Beranger. Wie, mein Herr! man beginnt nicht einmal, diese Länder ein wenig zu zivilisieren! macht sich der Zug der Eisenbahnen nicht fühlbar? wie steht es mit dem Elementarunterricht? etc.) So kommen, wenn man vor diesem Santon vorüberfährt, all die Vögel und umringen das Boot und setzen sich auf die Takelage ... man zerbröckelt ihnen Brot, sie kreisen, heben aus dem Wasser auf, was man ihnen hingeworfen hat, und fliegen wieder fort.

In Kesneh habe ich etwas Angebrachtes getan, was, hoffe ich, Deine Billigung finden wird. Wir waren an Land gegangen, um Vorräte zu kaufen, und wir gingen ruhig, die Nase in der Luft, in den Bazaren umher und sogen den Sandelduft ein, der uns umschwebte, als wir bei einer Straßenwendung plötzlich in das Quartier der Freudenmädchen gerieten. Stelle Dir fünf oder sechs krumme Straßen vor, lieber Freund, mit Hütten von etwa vier Fuß Höhe, erbaut aus grauem, getrocknetem Schlamm. In den Türen standen Frauen, oder sie saßen auf Matten. Die Negerinnen trugen himmelblaue Gewänder, andere waren in Gelb, in Weiß, in Rot, weite Gewänder, die im heißen Winde flatterten. Zu all dem Gewürzgerüche; und auf ihren entblößten Kehlen Halsbänder aus Goldpiastern, die bewirken, daß es, wenn sie sich bewegen, klappert wie Karren. Sie gehen und rufen mit schleppenden Stimmen: Cawadja, Cawadja! ihre weißen gähne leuchten unter ihren roten und schwarzen Lippen; ihre Zinnaugen rollen wie laufende Räder. Ich bin dort spazieren und spazieren gegangen, habe allen Bakschische gegeben und mich rufen und anpacken lassen; sie nahmen mich in die Arme und wollten mich in ihre Häuser zerren ... Darüber denke Dir die Sonne. Nun! ich habe widerstanden, ausdrücklich, aus Vorsatz, um die Melancholie dieses Bildes zu bewahren, und damit es tiefer in mir bliebe. Daher bin ich auch in großer Blendung fortgegangen, und sie ist geblieben. Es gibt nichts Schöneres als diese Frauen, die einen rufen. Wenn ich nachgegeben hätte, wäre ein anderes Bild darüber getreten und hätte seinen Glanz gemindert.

Nicht immer habe ich einen so stoischen "Artistismus" bei mir geführt: in Esneh bin ich zu Ruschuk-Hanem gegangen, einer berühmten Kurtisane. Als wir bei ihr ankamen (es war zwei Uhr nachmittags), erwartete sie uns, ihre Vertraute war morgens zur Canja gekommen, begleitet von einem zahmen Hammel, der ganz mit gelbem Hennah gefleckt war, einen Maulkorb aus schwarzem Samt auf der Nase trug und ihr folgte wie ein Hund; es war sehr komisch. Sie kam aus dem Bade. Ein großer Tarbusch, dessen zerflederte Troddel ihr auf die breiten Schultern fiel, und dessen Spitze eine goldene Platte mit einer grünen Platte trug, bedeckte den Scheitel ihres Kopfes, dessen Haar auf der Stirn in dünne Flechten geflochten war, die am Genick befestigt waren; der Unterkörper war von ihren ungeheuren rosa Hosen verborgen, der Rumpf war ganz nackt, bedeckt von violetter Gaze; sie stand oben an ihrer Treppe, die Sonne hinter sich, und so hob sie sich voll von dem blauen Grunde des Himmels ab, der sie umgab. Sie ist ein königliches Frauenzimmer, busig, fleischig, mit gespaltener Nase, maßlosen Augen, prachtvollen Knien, und beim Tanzen hatte sie kolossale Fleischfalten auf dem Bauche. Sie parfümierte uns zunächst die Hände mit Rosenwasser. Ihre Brust strömte einen Duft von gezuckertem Terpentin aus: darüber hing ein dreifaches goldenes Halsband. Man ließ die Musiker kommen und tanzte. Ihr Tanz kommt nicht entfernt dem des berühmten Hassan gleich, von dem ich Dir gesprochen habe. Aber er war in einer Hinsicht doch sehr angenehm und in anderer von stolzem Stil. Im allgemeinen tanzen die schönen Frauen schlecht. Ich nehme eine Nubierin aus, die wir in Assuan gesehen haben. Aber das ist nicht mehr der arabische Tanz, das ist wilder, hingerissener; das riecht nach dem Äquator und dem Neger.

Abends sind wir zu Ruschuk-Hanem zurückgekehrt. Es waren vier Tänzerinnen und Sängerinnen da, Almeen. (Das Wort Almeen bedeutet Gelehrte, Blaustrümpfe. Wie wenn man sagte Gesch..., was beweist, mein Herr, daß die gelehrten Frauen in allen Ländern ...!!!) Das Fest hat von sechs bis halb elf gedauert, das ganze während der Zwischenakte mit Küssen untermischt. Zwei Geigenspieler saßen am Boden und hörten nicht auf, ihre Instrumente kreischen zu lassen. Als Ruschuk sich zum Tanz entkleidete, zog man ihnen eine Falte ihres Turbans über die Augen, damit sie nichts sahen. Diese Scham machte einen schrecklichen Eindruck auf uns. Ich erspare Dir jede Schilderung des Tanzes, das wäre verfehlt. Das muß ich Dir durch Gesten auseinandersetzen, um es Dir verständlich zu machen und selbst dann! ich zweifle.

Als es aufzubrechen galt, bin ich nicht mit aufgebrochen. Ruschuk lag kaum daran, uns die Nacht bei sich zu behalten, aus Furcht vor den Dieben, die hätten kommen können, wenn sie wußten, daß Fremde im Hause waren. Maxime blieb ganz allein auf einem Diwan liegen, und ich bin ins Erdgeschoß, in Ruschuks Zimmer, hinabgestiegen. Ein Docht brannte in einer Lampe von antiker Form, die an der Mauer hing. In einem Nachbarzimmer plauderten die Wachen mit der Dienerin, einer abessynischen Negerin, die auf beiden Armen Pestspuren trug. Ihr kleiner Hund schlief auf einer seidenen Jacke. Ihr Leib war in Schweiß: sie war müde vom Tanzen, sie fror. Ich deckte sie mit meinem Pelzmantel zu und sie schlief ein. Ich selber habe kaum ein Auge geschlossen. Ich habe die Nacht in unendlichen träumerischen Intensitäten verbracht. Dazu war ich geblieben. Indem ich dieses schöne Geschöpf ansah, das, den Kopf auf den Arm gelehnt, schlief, dachte ich an Nächte der Lust in Paris, an einen Haufen alter Erinnerungen ... und an diese da, ihren Tanz, ihre Stimme, die Lieder ohne Sinn für mich und ohne erkennbare Worte sang. Das hat die ganze Nacht so gedauert. Um drei Uhr bin ich aufgestanden, um auf die Straße zu gehen; die Sterne glänzten. Der Himmel war klar und sehr hoch. Sie erwachte, suchte sich einen Kohlentopf und hat sich eine Stunde lang, darum gekauert, gewärmt; dann kam sie zurück, legte sich wieder und schlief wieder ein.

Morgens um sieben sind wir gegangen. Ich bin mit einem Matrosen auf die Jagd gegangen, in einem Baumwollefeld, unter Palmen und Gazis. Das Land war schön, Araber, Esel, Büffel zogen auf die Felder. Der Wind rauschte in den dünnen Zweigen der Gazis. Das pfiff wie in den Binsen; die Berge waren rosig; die Sonne stieg; mein Matrose ging vor mir her und bückte sich, um unter den Büschen durchzukommen, und zeigte mir mit stummer Geste die Turteltauben, die er auf den Zweigen sah. Ich habe nur eine getötet; ich sah sie nicht. Ich ging dahin und setzte die Füße voreinander und dachte an ähnliche Morgen ... unter anderem an einen bei dem Marquis von Pomereu au Héron nach einem Ball. Ich war nicht schlafen gegangen, und am Morgen war ich in einer Barke auf dem Teich spazieren gefahren, ganz allein, in meinem Schulanzug. Die Schwäne sahen mich vorübergleiten, und die Blätter der Gesträuche fielen ins Wasser. Es war wenige Tage vor der Rückkehr, ich war fünfzehn Jahre alt.

Was ich an Natur bislang am schönsten gefunden habe, sind die Umgebungen Thebens. Von Kesneh an verliert Ägypten sein agrikulturelles und friedfertiges Ansehn, die Berge werden höher und die Bäume größer. Einen Abend haben wir in der Umgebung von Denderah unter den Dooms (Palme von Theben) einen Spaziergang gemacht; die Berge waren dunkelrot, der Nil blau, der

Himmel ultramarin und die Vegetation von leichenhaftem Grün; alles war regungslos. Das sah aus wie eine gemalte Landschaft, wie eine ungeheure Theaterdekoration, die eigens für uns gemacht war. Ein paar gute Türken rauchten am Fuß der Bäume mit ihren Turbanen ihre langen Pfeifen. Wir gingen zwischen den Bäumen hin.

Übrigens haben wir schon viele Krokodile gesehen. Sie liegen wie gestürzte Baumstämme im Winkel der Inseln. Wenn man sich nähert, lassen sie sich wie große, graue Schnecken ins Wasser gleiten. Es gibt auch viele Störche und große Kraniche, die in langen Reihen, wie Regimenter aufgestellt, am Ufer des Flusses stehen. Sie fliegen mit Flügelschlagen fort, sobald sie die Canja bemerken. Hier in Nubien wird das übrigens anders; es gibt wenig Tiere. Es wird leerer. Der Nil engt sich zwischen Felsen ein, er, der so breit war, ist jetzt stellenweise zwischen Steinbergen eingeengt; er sieht aus, als rühre er sich nicht mehr und er liegt glatt und glitzert in der Sonne.

Vorgestern haben wir die Katarakte passiert, oder, genauer, die Katarakte des ersten Katarakts, denn es ist ein ganzes Land. Nackte Neger passieren den Fluß auf Palmenstämmen, indem sie mit beiden Händen rudern. Sie verschwinden schneller in den Schaumwirbeln als eine Flocke schwarzer Wolle, die man in einen Mühlbach wirft. Dann bäumt sich das Ende ihres Baumstamms (auf dem sie liegen) wie ein Pferd empor. Man erblickt sie von neuem, sie erreichen uns und steigen an Bord; das Wasser rieselt auf ihren glatten Leibern wie auf den Bronzestatuen der Brunnen.

Die Schilderung der Art, wie man die Katarakte passiert, ist zu umständlich. Es genüge Dir, daß eine falsche Bewegung des Steuerruders das Boot glatt auf den Felsen zerschmettern würde. Wir hatten ungefähr hundertfünfzig Leute zum Tauen unseres Bootes. All das zieht gemeinsam an einem langen Kabel und brüllt durcheinander und stößt laute Schreie aus. In diesem Moment liegen wir aus Windmangel still. Die Fliegen stechen mich ins Gesicht; der junge Ducamp ist fort, um Abzüge zu machen. Es gelingt ihm ziemlich gut, ich glaube, wir werden ein ganz hübsches Album bekommen.

Ich habe Dir noch keine Nilkiesel gesammelt, wie ich es Dir versprochen hatte, denn der Nil hat nur wenig Kiesel. Aber ich habe Sand geschöpft. Wir verzweifeln noch nicht daran, obgleich es schwierig ist, eine Mumie auszuführen (der kaufmännische Ausdruck). Schreibe mir also erzlange Briefe, schicke mir alles, was Du willst, wenn es nur viel ist. In einem Jahr um diese Zeit werde ich zurück sein. Dann nehmen wir unsere schönen Sonntage von Croisset wieder auf. Nun bin ich fast fünf Monate fort. Ah! ich denke oft an

Dich, armer Kerl. Adieu, ich drücke Dich in beide Arme, alle Deine Hefte eingeschlossen.

P.-S. Wenn Du wissen willst, in welchem Zustand unsere Gesichter sind – wir sind braun wie eine angerauchte Pfeife. Wir werden fett, uns wächst der Bart. Sassetti ist ägyptisch gekleidet. – Maxime hat mir neulich zwei Stunden lang Beranger vorgesungen, und wir haben den Abend bis Mitternacht damit verbracht, diesem Kauz zu fluchen. – Ah! wie wenig das Lied der "Gueux" für die Sozialisten paßt, und wie mittelmäßig es sie befriedigen muß!

****

An seine Mutter.

Ipsambul, – d. 24. März 1850. Palmsonntag.

Wenn dieser Brief Dich erreicht, arme alte Mutter, wird er wahrscheinlich noch besser aufgenommen werden als die anderen, denn wahrscheinlich haben Dir die letzten Kuriere keine gebracht. Diesen wirst Du von Wadi-Halfa erhalten, das heißt, dem fernsten Punkt unserer Reise. Mit mehr oder minder weiten Umwegen nähern wir uns jetzt nur noch unmerklich. Weißt Du, daß wir fast 1400 Meilen auseinander sind? Wie weit Dir das erscheinen muß! arme alte Mutter, und wie lang Dir diese Karte von Ägypten erscheint, nicht wahr? Ich freilich kann nur durch ziemlich langes Nachdenken die Distanz berechnen, die uns trennt; mir ist immer, als seist Du mir nahe, als seien wir uns nicht fern, und ich wollte nur, so dauerte es nicht lange, bis ich Dich sähe. Nun habe ich seit fast zwei Monaten, seit sieben Wochen, nichts mehr von Dir gehört. Ich habe noch vierzehn Tage zu warten, bis wir zum ersten Katarakt zurückkommen, wo ich etwas vorzufinden hoffe. Und auch das ist noch ungewiß! Ah, arme alte Mutter, nicht nur die Zurückbleibenden haben Unruhe. Bisweilen faßt mich plötzlich ein Verlangen, Dich zu sehen, wie ein Krampf der Zärtlichkeit; dann vertreibt die Reise, die Zerstreuung der gegenwärtigen Minute es wieder. Aber abends, vor dem Einschlafen, gebe ich Dir einen guten Gedanken, und jeden Morgen, wenn ich aufwache, bist Du das erste, was mir in den Sinn kommt. Aber sag, ich bin sicher, Du hörst nicht auf, an mich zu denken. Ich sehe Dich immer, auf den Ellbogen gelehnt, das Kinn in der Hand, wie Du mit Deiner guten, traurigen Miene träumst. Denke doch, arme Mutter, fünf ist der dritte Teil von fünfzehn. Du siehst mich im nächsten Februar wieder. Sommer und Winter müssen noch hingehn.

Wenn wir keinen ungünstigen Wind gehabt hätten, oder vielmehr so vollständige Windstille, so wären wir schon wieder in Assuan (beim ersten Katarakt). Aber wir haben auf sechzig Meilen vierzehn Tage gebraucht. An einzelnen Tagen haben wir keine halbe Meile gemacht. Heute morgen setzt der Wind wieder ein, wir fahren ein wenig, und wir hoffen, Wadi-Halfa ohne Verzug zu erreichen; von dort wollen wir langsam wieder abwärts fahren und alles in Muße besehen. Seit wir aus Kairo fort sind, haben wir die Canja auch kaum verlassen. Jetzt wollen wir Stationen machen, um die alten Kerle von Ruinen zu untersuchen. Die Hitze beginnt zu brüten, gestern abend hatten wir abends um acht 34 Grad, und den ganzen Tag war die Sonne hinter Wolken verborgen gewesen. In der Sonne haben wir vorgestern am Tage 55 Centigrad gehabt. Wir waren gezwungen, auf unsere schrankenlose Vorliebe fürs Barfußgehen zu verzichten. Selbst durch starke Stiefel macht sich die Hitze des Bodens kräftig fühlbar, als ginge man auf heißen Herdplatten. Im ganzen lebt man unter der nubischen Sonne wie in einem riesigen Backofen. Aber eins ist seltsam, es ist uns keineswegs unbequem. In diesem Klima erträgt man die Hitze weit besser als die Kälte, die, so gering sie auch (relativ) ist, sehr lästig fällt. In diesem Moment sitze ich ohne Hose und Rock und trage statt aller Kleidung nur meine Unterhose und darüber ein großes, weißes Hemd.

Die Katarakte haben wir ohne Unfall passiert. Übrigens sind wir aus übertriebener Vorsicht sogar an Land gegangen. Es gehört zu dem Merkwürdigsten und Schönsten, was wir noch gesehen haben. Ich habe Dir in meinem letzten Briefe von Leuten aus Assuan und Elephantine erzählt, die den Nil auf Binsen sitzend passieren. Etwas weiter, bei den Katarakten, reiten sie ganz nackt auf Palmenstämmen; es ist amüsant, sie auf die Schaumwirbel zuschießen, verschwinden und wieder über dem Wasser erscheinen zu sehen; der Strom reißt sie wie einen Strohhalm rasch und beängstigend zwischen die Felsen, ihre schwarzen Rücken rieseln von Wasser, ihre weißen Zähne lächeln. All das ist von einer Wildeneleganz, die aufs tiefste entzückt.

Vorgestern haben wir zwei Sklavenhändlerboote getroffen, die mit Negerinnen geladen waren. Sie kamen von Darfur, aus dem Lande der Gallas im Inneren Afrikas, zum größten Teil gestohlene Frauen. Sie waren in den Canjen zusammengepfercht, daß sie, wie bei uns das Heu auf den Wagen, überragten. Als Kostüm trugen sie Amulette und kleine Lederhosen. Wir haben (keine Frauen) sondern Schürzen (ihre Hosen) von ihnen gekauft. Die sind so wenig mit Schmutz und Hammelfett bestrichen, daß sie unsern Divan vergiften. Wir haben Straußenfedern eingehandelt und ein kleines Mädchen aus Abessynien, um länger an Bord bleiben zu können und dieses Schauspiel zu genießen, das Schick hatte. Einige mahlten Mehl auf Steinen, und ihr langes Haar fiel über sie wie die lange Mähne eines Pferdes, das am Boden weidet. Die Säuglinge weinten. Man kochte. Die einen kämmten das Haar ihrer Gefährtinnen mit Stachelschweinzähnen. Es war sehr traurig und eigenartig. In jedem solcher Boote gibt es immer ein paar alte Negerinnen, die die Reise immer wieder mitmachen, um die Neuangekommenen zu ermutigen, damit sie den Mut nicht zu sehr verlieren und sich durch zu große Traurigkeit krank machen. Weißt Du, arme Geliebte, daß wir nur noch um einen Monat vom Lande der Affen und Elefanten entfernt sind? aber man muß sich Grenzen setzen und daran denken, daß der Boden des Beutels nicht unausschöpfbar ist.

****

An dieselbe.

Philae, d. 15. April 1850.

Da sind wir, wie wir aufgebrochen sind, in gutem Zustand aus Nubien zurück, wenn man so sagen kann, wenn es zwei lange Monate her ist, seit man Nachricht von allem erhalten hat, was einem das Liebste auf der Welt ist. Gestern abend sind wir mit sinkender Nacht in Philae angekommen. Ich bin alsbald mit Joseph zu Esel nach Assuan (eine Meile von hier) geritten, in der Hoffnung, ein Briefpaket vorzufinden: nichts! Ich denke mir, Du hast einen Kurier versäumt, und alle anderen liegen auf der Kanzlei in Kairo, wohin ich sofort geschrieben habe, damit man sie mir nach Kesneh schickt, sonst erhielte ich Briefe von Dir erst bei unserer Rückkehr nach Kairo, Ende Mai. Das sind (oder wären) fast vier Monate ohne Nachricht, was aus Dir geworden ist.

Der Himmel war gestern abend wundervoll, die Sterne glänzten, die Araber sangen auf ihren Dromedaren. Es war eine echte Orientnacht, wo der Himmel unter der Fülle der Sterne verschwand. Aber mir war das Herz sehr traurig, meine arme, so sehr geliebte Mutter. Schreibe mir doch lieber zweimal, lieber hundertmal als einmal, mit allen Kurieren. Ein Brief geht so schnell verloren. Max hat schon mehrere eingebüßt. Wenn ich wenigstens wüßte, daß meine Dich erreichen, würde ich nicht klagen. Aber das ist meine größte Angst. Wenn ich mir Dich in Qualen vorstelle, so macht mich das trostlos. Vielleicht bist Du krank, arme alte Mutter. Du weinst vielleicht in diesem Moment und wendest Deine armen schönen Augen, die ich liebe, auf die Karte, die Dir nichts ist als ein leerer Raum, in dem Dein Sohn verloren ist. O, nein, sieh, ich komme zurück, Du kannst nicht krank sein, denn ein starker Wunsch gibt Leben. Jetzt bin ich bald sechs Monate fort; in sechs Monaten werde ich nicht mehr weit von der Heimkehr sein; sie wird wahrscheinlich nächstes Jahr gegen Januar oder Februar stattfinden. Gestern abend lagen bei dem Effendi, wo ich sie abholen wollte, Briefe für Maxime, einer sogar für Sassetti, der niemals welche erhält. Aber von Dir nichts, auch nicht von Achille, der mir doch ein wenig Nachricht von Dir geben sollte, auch nicht von Bouilhet, auch nicht vom Vater Parain, der doch bisweilen schon morgens früh aufstehen sollte, um mir mit einerlei welcher Orthographie zu schreiben. "Deiner Mutter geht es gut;" weiter verlange ich nichts, das scheint mir nicht viel. Denkt man nicht mehr an mich? Wäre das Sprichwort wahr: die Abwesenden haben unrecht?

Von unserer Reise werde ich Dir ein andermal erzählen. Ich bin eilig: wir wollen den Katarakt hinunterfahren und laden das Gepäck und uns aus. Das Boot soll allein fahren, und wir zu Fuß gehn. Und dann bin ich zu wütend, um mir die Muße zur Sammlung zu nehmen. Unsere Gesundheit ist blühend, nur ermüdet das Klima Sassetti ein wenig. Ich weiß nicht, wie Maxime es anfängt, daß er vor der Photographierwut, die er entfaltet, nicht platzt; übrigens gelingt es ihm ausgezeichnet; ich selber sehe mir nur die Natur an, rauche Tschibuks und gehe in der Sonne spazieren, ich werde fett. Aber ich werde häßlich. Meine Nase wird rot, und mir wachsen Haare darauf wie dem Kapitän Barbet. Adieu, arme Angebetete: ich umarme und umarme Dich.

****

An dieselbe.

Zwischen Kaff und Kesneh, d. 17. Mai 1850.

Gestern morgen haben wir Theben endlich (und leider!) verlassen. Man kann dort lange und in beständigem Staunen bleiben. Es ist bei weitem das Schönste, was es in Ägypten gibt, und vielleicht das Kolossalste, was wir auf unserer ganzen Reise sehen werden. Heute abend werden wir wahrscheinlich in Kesneh ankommen. Wenn ich dort keine Briefe finde, habe ich keine Hoffnung mehr, vor Kairo noch welche zu erhalten. Nun! Gott behüte die Post und die Sekretäre. Wenn ich wenigstens wüßte, daß Du all meine erhalten hast! Ich schicke meine Sendungen so regelmäßig wie möglich; ich schicke reitende Boten, wenn ich keine Gelegenheiten finde. Trotz all dem fürchte ich sehr, daß Du oft mehrere Kuriere überschlagen mußt, ehe Du Nachricht von mir erhältst. Aber beruhige Dich, gute Mutter, mir und uns allen geht es gut. Was Reiseunannehmlichkeiten angeht, wirst Du glauben, daß ich vier Tage lang nicht geraucht habe! aus Mangel an Tabak. Da mir der Tabak der arabischen Bauern zu abscheulich erscheint, so seufze ich nach demCaporal.

Eben habe ich einen großen Storch gefehlt, der ruhig am Ufer spazieren ging. Meine Kugel ist fünfzig Schritt weiter auf dem Sande aufgeprallt, und der

Storch stieg ruhig wieder in die Luft, indem er die Füße hängen ließ und mit den Flügeln weit ausholte.

Wir haben in Theben vierzehn sehr schöne Tage verbracht, arme alte Mutter. Das ist schön! es muß eine mindestens ebenso große Stadt gewesen sein wie Paris. Man braucht drei Tage, um nur, ohne sich aufzuhalten, die Ruinen zu sehen, die noch übrig sind, obgleich alles zertrümmert und zu drei Vierteln verschüttet ist. Es ist eine Ebene zwischen zwei Gebirgsketten, die der Nil durchquert, besät mit Obelisken, Kolonnaden, Fassaden und Kolossen. Nie werde ich den ersten Eindruck vergessen, den mir der Palast von Karnak gemacht hat. Das ist mir wie eine Wohnung von Riesen erschienen, wo man auf goldenen Schüsseln ganze Menschen, wie Lerchen aufgespießt, serviert haben muß. Wir haben die drei Tage verbracht, Maxime, indem er photographierte, ich, indem ich abgoß oder vielmehr abgießen ließ. Unter meinen Arbeitern hatte ich einen Führer, der ein wenig Englisch sprach; wir verstanden uns halb in einem Kauderwelsch aus Englisch, Italienisch und Arabisch.

– Allah! allah! allons, go on! go on! Sacré nom de Dieu.
– Si, signor, si, signor, è questo bene!
– T'is not very bad, but your paper ist not clean.
– Taïeb, taïeb.

Und so weiter. Wir wohnten, das heißt, unsere Sachen waren in einem kleinen Zimmer, das als Decke große, himmelblau bemalte Fliesen hatte, und vor uns, auf den Mauern, sahen wir Königinnen mit großen Frisuren, die Könige um die Hüften faßten. – Nachts schlief ich draußen auf einem großen Stein (auf dem meine Matratze lag); ich schlief auf dem Rücken, die Nase den Sternen zugekehrt, beim Lärm der Taranteln und beim Bellen der Schakale, das mit dem der Hunde in den benachbarten Dörfern abwechselte. Dann sind wir aufs linke Ufer des Nil hinübergegangen. Nachdem wir zwei Tage lang in Luksor selber gewohnt hatten, im französischen Palais (einem zur Zeit der Expedition nach Luksor wegen des Obelisken von Mehmet Ali geschenkten Hause), sind mir fortgezogen, um am Fuß des berühmten Kolosses zu kampieren. Er hat bei Sonnenaufgang nicht gesungen, aber der Schuft hat mir nachts einen Hagel von Moskitos geschickt, die mir die Beine zerfressen und mich am Schlaf gehindert haben; um so mehr als der Wind das Zelt wütend schüttelte. Am Tage darauf haben wir beim Rhamesseion geschlafen (dem Grab des Osymandias); am folgenden zu Biban el Moluk oder im Tal der Könige. Das ist ein Wunder. Stelle Dir ein ganzes Tal vor, in ein Gebirge geschnitten, wo es nur noch auf einem Marmortisch Vegetation gibt, und auf beiden Seiten Steinbrüche, die ebensoviel Gräber sind. Man steigt in jedes mit Hilfe einer Reihe von Treppen hinab, deren eine immer am Ende der andern beginnt, und die nicht enden wollen. Dann tritt man in zwei große Säle, die von oben bis unten und auf der Decke bemalt sind. Man reist darin, das Wort ist buchstäblich zu verstehen. Stelle Dir die Grotten von Caumont vor, wenn ihre Wände bezeichnet und mit Gold- und Azurgemälden etc. bedeckt wären. Es sind phantastische oder symbolische Darstellungen, Schlangen mit mehreren Köpfen, die auf menschlichen Füßen gehen, enthauptete Köpfe, die segeln, Affen, die Schiffe ziehen, Könige mit grünen Gesichtern und seltsamen Attributen auf ihren Thronen. Die Gemälde sind frisch, als wären sie gerade gemacht, und schuppen unter dem Daumen ab. Anderswo sind es Harfenspieler, Tänzerinnen, Leute beim Essen ... man weiß sich nicht davor zu lassen. Du kommst noch nicht frei, ich werde Dir noch mehr als einmal davon reden.

Am Eingang des Tals der Könige, über dem Rhamesseion, wohnt ein alter Grieche, der einen Antiquitätenhandel treibt. Er lebt da wie in einem Turm, mitten im Gebirge; in einem Haus voll Mumien, ganz allein und fern von den Menschen. Alte Leichen, verknöchert und aufrecht gegen die Mauer gestellt, schneiden in einem Winkel seines Hofes Grimassen, sein Erdgeschoß ist voll Särge gepfropft, und das Zimmer, wo er uns empfangen hat, hat als Fensterladen ein bemaltes Brett, das einem Bürger aus der Zeit des Sesostris als Decke gedient hat. (Er hat unsern Besuch einen Morgen erwidert, als wir am Fuß des Memnonskolosses gelagert waren. Er trug einen weißen Turban, ein weißes Nubierhemd und einen Regenschirm aus weißer Baumwolle. Außerdem hatte dieser alte Lemnossohn seinen Tschibuk in der linken Hand und einen Stock aus weißem Holz den er selber gedrechselt hatte, und der in eine Eisenspitze auslief, um sich beim Gehen auf den Felsen zu stützen. Die Füße staken nackt in alten Schuhen, und er schleppte sich keuchend hin.

Mumien nach Frankreich mitzubringen, wäre schwierig, die Ausfuhr ist jetzt verboten. Wir hätten viel Umstände, sie als Kontrebande nach Kairo zu schaffen und sie in Alexandria einzuschiffen. Das würde uns viel Zeit und Geld kosten.

Von Keneh aus wollen wir einen Abstecher bis Kosseïr machen, um das Rote Meer zu sehen, das wir sonst nicht kennen lernen würden, da die Reise nach dem Sinaï nicht gemacht wird. Dafür hätten wir zwanzig Tage Wüste zu durchziehen (im Juli wäre das vielleicht hart), zwölf Tage Lazarett in Gaza und dreitausend Franken Durchzugsgebühr an den Scheik von Lagabat zu zahlen. Das wäre absurd. Die Reise nach Kosseïr dagegen kostet uns vier oder fünf Tage, das ist ein Spaziergang.

Ehe wie gestern Theben verließen, haben wir Pferde genommen und einen großen Ritt in das Land hinter Karnak und Luksor gemacht. Um die Mitte des Tages haben wir in einem Dorfe Halt gemacht und sind in einen Garten getreten. Die Bäume, Orangen, Zitronen, Palmen, standen so eng aneinander, daß man sich bücken mußte, um darunter durchzukommen. Dort haben wir uns im Schatten ausgeruht, auf einem Bündel trockener Palmenzweige. Der Bursch, der uns zu Fuß folgte, hat den Wächter des Gartens gesucht, und der brachte uns eine große Schale geronnener Milch mit kleinen, heißen Broten, die auf einem flachen Korbe aus geflochtenem, buntem Stroh lagen. Der Bach, der den Garten wässert, einen Fuß breit und einen halben Zoll tief, lief vor uns hin, unter der Sohle unserer Stiefel durch, und zog genau wie ein Fluß Blätter auf seinem Wasser mit. – Wir sind zwei gute Stunden dageblieben und haben geplaudert. Dann sind wir zu Pferde gestiegen und auf Kanak zugeritten. Wir haben ihm mit gedrücktem Herzen Adieu gesagt. Wie seltsam! Man ist bewegt, wenn man Steine verläßt! und während einen so viel anbete Dinge bewegen.

In Theben habe ich ungeheuer viel an Alfred gedacht. Wenn das System der Saint-Simonisten wahr ist, reiste er vielleicht mit mir! dann dachte nicht ich an ihn, sondern er dachte in mir. Und ich denke auch viel an die anderen, arme Mutter! Ich kann nicht schweigend bewundern, ich habe Schreien, Gesten, Expansion nötig; ich muß reden, muß Stühle zerschlagen, mit einem Wort, muß andere zur Teilnahme an meinem Vergnügen rufen – und welche anderen als meine geliebtesten?

Wenn ich ein Blatt Papier nehme, um Dir zu schreiben, der Teufel soll mich holen, wenn ich da weiß, was ich hinsetzen soll. – Dann kommt das von selber, ich schwätze. Ich unterhalte mich, die Zeilen werden länger; aber wenn ich nicht mehr weiß, was ich sagen soll, werfe ich einen guten Abschiedsblick darauf und sage in meinen Gedanken zu ihnen: geht schnell da unten hin, schnell, schnell, umarmt sie für mich. – Geschriebene Zeilen jemanden umarmen!

Adieu, arme Geliebte, tausend Zärtlichkeiten; komm, erhole Dich ein wenig, "Du zehrst Dir am Blut" – "Du denkst nicht genug an Dich".

10. Kesneh. – Große Freude! liebe Mutter, mir springt das Herz darüber. Zehn Briefe für mich, darunter einer von Vater Parain und einer von Bouilhet. Und Du, Dich umarme ich bis zum Ersticken, ich sehe, es geht Dir gut, Du bist vernünftig; dafür liebe ich Dich noch tausendmal mehr. Du führst Dich gut. Wie hübsch Deine Briefe sind! Ich habe sie wie ein Ausgehungerter verschlungen. Adieu, noch tausend Küsse.

****

An dieselbe.

Mai 1850.

Wir sind mitten im Sommer. Um sechs Uhr morgens haben wir regelmäßig zwanzig Grad Reaumur im Schatten, am Tage gegen dreißig. Die Ernte ist längst gewesen, und vorgestern haben wir eine Wassermelone gegessen. Wo bist Du, arme alte Mutter? in Croisset? in Nogent? in Paris? und diese Reise nach England? Schicke mir so lange Briefe wie möglich; sprich mir von Dir, von Deinem Leben, von allem, was vorgeht. Wie allerliebst die kleine Liline nächsten Winter sein wird, macht sie viel Fortschritte im Lesen?

Wir führen ein recht gutes Leben. Nun ist die nubische Reise zu Ende. Auch der Schluß der ägyptischen rückt nahe. Wir werden unsere arme Canja nur mit Schmerz verlassen. Jetzt fahren wir langsam mit Hilfe der Ruder diesen großen Fluß hinab, den wir mit unsern zwei weißen Segeln hinaufgefahren sind. Wir halten vor allen Ruinen an. Man vertaut das Boot, wir steigen an Land. Immer ist es irgendein Tempel, der bis zu den Schultern im Sand verschüttet ist, und den man teilweise wie ein altes Skelett wieder ausgegraben sieht. Götter mit Krokodils- und Ibisköpfen sind auf die Mauern gemalt, die vom Mist der Raubvögel weiß sind, die in den Steinnischen nisten. Wir gehen zwischen den Säulen spazieren. Mit unseren Palmstöcken und unsern Träumereien rühren wir all diesen Staub auf. Wir betrachten durch die Breschen des Tempels den Himmel, der vor Blau vergeht. Der Nil, der zwischen vollen Ufern hinfließt, schlängelt sich mitten durch die Wüste, auf beiden Seiten mit einem grünen Streifen. Das ist das ganze Ägypten. Oft umgibt uns eine Herde schwarzer Schafe, die weidet. Irgendein kleiner Junge, nackt, behend wie ein Affe, mit Katzenaugen, Elfenbeinzähnen, einem silbernen Ring im rechten Ohr und großen Feuermalen aus den Wangen, einer Tätowierung, die mit einem rotglühenden Messer gemacht ist. Oder aber es sind arme Araberfrauen in Lumpen mit Halsbändern, die Joseph Hähne verkaufen wollen, oder die mit den Händen Pferdemist sammeln, um ihr mageres Feld zu düngen. Eins ist wunderbar: das Licht, alles glänzt in ihm. In den Städten blendet uns das immer, wie es das Farbenflimmern eines ungeheuren Kostümballs täte. Weiße, gelbe oder azurblaue Gewänder lösen sich in der durchsichtigen Luft mit einer Härte des Tones los, daß alle Maler in Ohnmacht fallen könnten. Ich selber träume von jener alten Literatur, ich suche all das zu fassen. Ich möchte mir gern etwas vorstellen, aber ich weiß nicht was. Mir scheint, ich werde dumm wie ein Topf.

Wir lesen in den Tempeln die Namen der Reisenden; das scheint uns schrill und eitel. Unsere haben wir nirgends hingesetzt. Wir haben welche gesehen, die zu gravieren drei Tage in Anspruch genommen haben muß, so tief sind sie in den Stein geschnitten. Ein paar findet man mit der Beharrlichkeit erhabenen Blödsinns immer wieder. Vor allem verläßt uns einer, namens Vidua, nirgends. Vorgestern hat Max in Ombos den des armen d'Arcet entdeckt. Die Buchstaben werden da in freier Luft zernagt, während sein Körper unten in einem dritten Teil der Welt verfault. Ohne Zweifel wird dieser arme schon halb verlöschte Name am längsten von ihm leben. Er ist hergekommen und hat ihn in Ägypten geschrieben, er hat in Paris gelebt und ist nach Amerika gegangen, um dort zu sterben. Was für philosophische Reflexionen, wie Fellacher sagen würde!

So oft wir in einem Tempel vor Statuen ankommen, vollzieht Max den arabischen Gruß vor ihnen, indem er die Hand zur Stirn hebt und sich nach ihrem Befinden erkundigt. Das wechselt nie. Sassetti hat seit einiger Zeit eine Jagdwut, die nichts aufhält. Er ist ägyptisch gekleidet, was ihm ein ziemlich lächerliches, schwerfälliges Ansehn gibt. Er ist ein Bursche von sehr gutem Herzen, der uns sehr ergeben ist. Er hat viel nützliche Talente. Jetzt ist er Schuhmacher und flickt unsere Stiefel mit gewachster Peitschenschnur. Unsere Sachen nutzen sich ab. Der Schick beginnt. Ich gäbe, ich weiß nicht was, dafür, wenn Du diesen wackeren Joseph kennen lernen könntest. Er ist eins der merkwürdigsten Bündel, die man sehen kann. Er widmet sich immer noch der Herstellung von " douces" (süßen Schüsseln) und von " bé-fils-tecks" (Beefsteaks). Wir haben großartiges Glück gehabt, daß wir auf einen solchen Dragoman gestoßen sind. Er ist sehr erfahren und von gutem Begriffsvermögen.

Wir haben einen alten Matrosen an Bord, der Fergalli heißt und mich an den guten Pitchef erinnert. Je mehr Ulk man mit ihm treibt, je mehr Maulschellen und Fausthiebe man ihm versetzt, um so zufriedener ist er. Bisweilen wirft man ihn sogar ins Wasser, dann lacht man viel. Die Scherze laufen immer darauf hinaus, ihn zu töten, ihn lebendig zu schinden, ihn auf den Spieß zu stecken. Da er kahl ist, zieht man ihm die Mütze ab und versetzt ihm tüchtige Kopfnüsse. Mitunter tun die Matrosen, als wollten sie ihm zu seiner Ernennung zum Pascha gratulieren, und man bringt ihm eine Katzenmusik, die darin besteht, daß man mit den Händen und dem Mund künstlich pupt; man rasiert ihn mit einem Messer; man zieht ihn aus, damit er tanzt. Vor ein paar Tagen haben sie ihn als Frau angezogen, mit einem Schleier vor dem Gesicht und einem Stück Schleierleinen als Kleid. Das war die Braut, man feierte Hochzeit. Es hätte als eins jener Schauspiele gelten können, "in die ein Familienvater nicht gut seine junge Tochter mitnehmen kann". Darauf begannen diese guten Araber unter Niederwerfen mit Allahs! und Mohammeds! wie die bravsten Leute von der Welt ihr Gebet zu verrichten. Es gibt nichts Lustigeres als diese Leute, oder besser, nichts Kindlicheres; ein Nichts schlägt sie nieder, wie wenig sie amüsiert.

Die Herren der oberen Klasse verachten den Alkohol nicht. Die Statthalter der kleinen Städte, durch die wir kommen, machen uns in der Hoffnung an Bord Besuche, eine Flasche Branntwein zu ergattern. Die Halunkerei dieser Kerle wird durch all die Achtungsbezeugungen, mit denen man sie umgibt, nur gesteigert. In Wadi-Halfa haben wir die Bekanntschaft des Gouverneurs von Ibrim gemacht, der beauftragt war, in der ganzen Provinz die Steuern zu sammeln. Das ist keine geringe Arbeit. Sie wird mit Hilfe von Stockschlägen, Verhaftung und Fesselung ausgeführt. Wir sind drei Tage lang Seite an Seite mit ihm stromab gefahren. Ein Dorfbewohner hatte nicht zahlen wollen, der Scheik fesselte ihn und nahm ihn in seiner Canja mit fort. Als sie bei uns vorbeifuhr, sahen wir diesen armen Alten auf dem Boden des Bootes liegen, barhäuptig unter der Sonne und gebührend versichert; auf dem Ufer folgten schreiend Männer und Frauen. Das machte unseren braven Türken keineswegs weich, aber er hielt es doch für klug, uns zwei Tage lang nicht aus den Augen zu lassen, in der Hoffnung, wenn man ihn etwa angriffe, würden wir sehr schöne Gewehre haben, die recht weit tragen. Er kam und machte uns, während er wie wir den Nil hinabfuhr, Besuche. Einmal brachte er uns einen kleinen Hammel als Geschenk, was uns merklich angenehm war, denn seit sechs Wochen hatten wir nur Huhn und Turteltauben gegessen. Wir haben uns mit diesem braven Mann über seine Spezialität unterhalten, das heißt, er hat uns viele Details über die Art gegeben, wie man einen Menschen in einer Zahl entschlossener Hiebe mit Stockschlägen tötet; sie setzen einem das ganz hübsch und lachend auseinander, wie man vom Schauspiel redet, und sie führen es sehr seelenruhig aus, wie man seine Pfeife raucht.

Um Dir eine Vorstellung von allem zu geben, was ich sehe – geh auf die Bibliothek von Rouen und verlange das große Werk über Ägypten zu sehen, den Band mit den Altertümertafeln. M. Pottier oder der Freund Lebreton wird sich ein Vergnügen daraus machen, Dir das zu zeigen. Übrigens ist dieses Werk nicht selten, vielleicht hat es irgendein Privatmann. Da hast Du, scheint mir, einen langen Brief, arme, liebe alte Mutter; möge er Dich schnell erreichen, möge er Dich ermuntern, möge er Dir wohltun wie ein guter, frischer Wind, belebend. Adieu, ich schicke Dir meine ganze Zärtlichkeit.

****

An Louis Bouilhet.

2. Juni 1850. Zwischen Girgeh und Siuph.

Und zunächst, mein lieber Herr, erlaube mir, Dir die Huldigung meiner wahnsinnigen Bewunderung für das Gedicht über Don Dick von Arrah auszusprechen, das Du mir geschickt hast. Das ist vollendet! das ist Stil! Im Ernst, es ist sehr schön. Ich habe es eben noch einmal gelesen und wie drei offene Särge darüber gelacht. Es sind geradezu famose Meisterrefrains und Bewegungen darin. Dieser alte Richard! das hat mich begierig gemacht, sein Bier zu trinken, daß mir die Zunge brennt. Ich sehe den Sand auf dem Boden des Lokals, ich höre ihn unter den Stiefeln knirschen. Der Saal muß im Erdgeschoß liegen, niedrig, feucht, muß nach Schwamm riechen und wenig Licht haben. Grausamer Mensch, Du hast mir nicht gesagt, wo das Lokal steht. Es muß unten in der Stadt sein, Rue Nationale oder vielmehr Rue de la Savonnerie, wenn es nicht in Saint-Sever ist, was prachtvoll wäre. Ja, da ist einer, der sich niederläßt, der sich festsetzt, und wir, wir sind noch weit davon entfernt, uns niederzulassen oder festzusetzen, selbst uns an etwas zu binden. Was mich angeht, ich verzichte darauf. Ich habe über all das viel nachgedacht, seit wir uns verlassen haben, armer Alter. Wenn ich im Bug meiner Canja sitze und das Wasser fließen sehe, kaue ich mein vergangenes Leben mit tiefer Intensität wieder. Mir kommen viele vergessene Dinge zurück, wie alte Ammenmelodien, von denen einem Brocken einfallen. Rühre ich an eine neue Periode? oder an vollständige Dekadenz? Und aus der Vergangenheit gehe ich träumend zur Zukunft, und da sehe ich nichts, nichts. Ich habe keinen Plan, keine Idee, keinen Vorsatz, und was das schlimmste ist, keinen Ehrgeiz. Etwas, das ewige: "wozu?" antwortet auf alles und schließt mit seiner Erzbarriere jede Straße, die ich mir in das Land der Hypothesen öffne. Man wird auf der Reise nicht lustig. Ich weiß nicht, ob der Anblick der Ruinen große Gedanken eingibt. Aber ich frage mich, woher der tiefe Abscheu kommt, den ich jetzt vor dem Gedanken habe, mich zu rühren, um von mir reden zu machen. Ich fühle die physische Kraft nicht in mir, zu publizieren, zum Drucker zu gehn, Papier auszusuchen, Korrekturen zu lesen etc. Und was ist das im Vergleich mit dem Rest? Ebensogut für sich allein arbeiten. Man tut, wie man will, und nach seinen eigenen Ideen. Man bewundert sich, man macht sich selber Freude, ist das nicht die Hauptsache? Und dann ist das Publikum so borniert! Und dann, wer liest? Und was liest man? und was bewundert man? Ah! ihr guten, ruhigen Zeiten, ihr guten Perückenzeiten, ihr lebtet aufrecht auf euren hohen Absätzen und euren Stöcken! aber unter uns zittert der Boden. Wo unseren Stützpunkt wählen, selbst wenn wir zugeben, wir hätten den Hebel? Was uns allen fehlt, ist nicht der Stil, noch auch jene Biegsamkeit des Bogens und der Finger, die man mit dem Namen Talent bezeichnet. Wir haben ein zahlreiches

Orchester, eine reiche Palette, mancherlei Hilfsquellen. Listen und Kniffe wissen wir viel mehr, als man vielleicht je gewußt hat. Nein, was uns fehlt, ist das innerliche Prinzip. Die Seele der Sache, die Idee des Vorwurfs. Wir machen Notizen, wir machen Reisen, Elend, Elend! Wir werden (Belehrte, Archäologen, Historiker, Ärzte, Flickschneider und Leute von Geschmack. Was hat all das damit zu tun? Aber das Herz? der Schwung, der Saft; von wo ausgehen und wohin gehen? Ja, wenn ich zurück bin, werde ich, und zwar auf lange, hoffe ich, mein altes ruhiges Leben an meinem runden Tisch wieder aufnehmen, zwischen der Aussicht auf meinen Kamin und der auf meinen Garten. Ich werde weiter leben wie ein Bär, mich über Heimat, Kritik und alle Welt lustig machen. Diese Ideen empören den jungen Ducamp, der ganz entgegengesetzte hat: das heißt, er hat für seine Rückkehr sehr rührige Pläne und will sich in eine rasende Geschäftigkeit stürzen. Am Schluß des nächsten Winters werden wir über all das plaudern, mein guter Mann.

Eins will ich Dir ganz klar vertrauen: ich kümmere mich um meine Mission so wenig wie um den König von Preußen. Um "mein Mandat zu erfüllen", hätte ich auf meine Reise verzichten müssen. Das wäre zu dumm gewesen. Ich mache bisweilen Dummheiten, aber keine so faustdicken. Siehst Du, wie ich mich in jedem Lande nach den Ernten erkundige, nach den Erzeugnissen, dem Verbrauch? Wieviel Öl man macht, wieviel Kartoffel man frißt? Und in jedem Hafen: wieviel Schiffe, welcher Tonneninhalt? wieviel Abfahrten? wieviel (Einläufe? ebenso Übertrag auf der andern Seite etc.! Ah nein, ich frage Dich offen, wäre es möglich? Und wenn man nach so viel Niedrigkeiten (mein Titel allein ist schon eine, die genügt) ein paar Schritte getan, wenn die Freunde sich gerührt hätten und der Minister ein guter Kerl gewesen wäre, so hätte ich das Kreuz bekommen! Tableau! Genugtuung für den Vater Parain. O nein, tausendmal, ich will nicht, denn ich ehre mich selber so sehr, daß mich nichts mehr ehren kann.

Ich denke verdammt an Dich, Du großer Halunke, ich sehe Dich in den Straßen umherziehn, die (Ellbogen eng angelegt, die Nase im Wind, mit Deinem Stock und dem grauen Hut, jetzt, wo wir im Sommer sind. In diesem Moment, Dienstag, den 4. Juni, halb drei Uhr nachmittags, sehe ich Dich, wie Du neben dem Bischofsstab um: die Ecke der Rue Ganterie biegst. Nebenbei, jetzt naht der große Moment. Es wird entscheidend sein und unwiderruflich, endlich wird man wissen, woran man sich halten kann, der Preis für die französische Abhandlung wird alles entscheiden. Ich werde nicht mehr in dieser scheußlichen Ungewißheit schweben, die mich wie die Dschinji bis mitten in die Wüste hinein verfolgt. Wird es Pigny sein? wird es Defodon sein? wer? es ist wie die Schlacht von Aktium. Vielleicht hängt das Schicksal der Menschheit davon ab. Ich würde den einen gern Catilina vergleichen, den andern Caesar. Wenn nur der erste kein Marius wird und sich später im zweiten kein Sulla enthüllt! Eh, wer weiß! die besten Republiken sind schon durch einen Ehrgeiz erschüttert worden, der in seinem Ursprung weniger gefährlich erschien; eine nichtige Handlung verbirgt oft ein ernstes Motiv. Alkibiades ließ seinem Hund den Schwanz abschneiden, um die Aufmerksamkeit der Athener abzulenken.

Es scheint, das Baccalaureusinstitut ist in gutem (Bange und Du treibst Dein Repetitorium mit Erfolg. Um so besser; versuche Gelb zu verdienen und gut zu leben. Darauf Kommt's immer an.

Ich habe Theben gesehen, Alter, es ist sehr schön; wir sind abends um neun bei einem Mondschein, der auf den Säulen leuchtete, hingekommen. Die Hunde bellten, die großen weißen Ruinen sahen aus rote Phantome, und der Mond lag am ganz runden Horizont und berührte die Erde und schien sich nicht zu regen, als bliebe er eigens da stehen. In Karnak haben wir den Eindruck eines Gigantenlebens gehabt. Ich habe eine Nacht, von Moskitos verzehrt, am Fuß des Memnonskolosses verbracht. Dieser alte Kerl hat ein gutes Gesicht, er ist mit Inschriften bedeckt – die Inschriften und die Vogelsch..., das sind die beiden einzigen Zeichen des Lebens auf den Ruinen von Ägypten; der zernagteste Stein trägt keinen Grashalm. Das fällt wie eine Mumie in Staub, weiter nichts. Die Inschriften der Reisenden und der Mist der Raubvögel sind die, beiden einzigen Zierrate der Ruine. Oft sieht man einen großen, ganz senkrechten Obelisken mit einem langen weißen Fleck, der wie eine Draperie in seiner ganzen Länge hinabreicht, vom Gipfel an breit, und nach unten zu schmaler werdend. Dahin kommen die Geier seit Jahrhunderten und nisten. Es sieht sehr schön aus und ist von "merkwürdigem Symbolismus". Die Natur hat zu den ägyptischen Monumenten gesagt: Ihr wollt mich nicht, die Saat der Flechte wächst nicht aus euch, nun gut, ich werde euch auf den Leib kacken.

In den Gewölben von Theben (sie gehören zu den merkwürdigsten und amüsantesten Dingen, die man sehen kann) haben wir pharaonische Schwänke entdeckt, was beweist, mein Herr, daß man sich zu allen Zeiten der Verdammnis überliefert hat, man hat "das Mädel geliebt", wie unser unsterblicher Chansondichter sagt. Es ist ein Bild, das Männer und Frauen bei Tisch darstellt, wie sie essen und trinken, und sich dabei um die Hüften fassen und umarmen. Da sieht man Profile von entzückender Wüstheit, wundervolle Augen von Bürgern in lustiger Laune. Weiterhin haben wir zwei kleine Mädchen in durchsichtigen Kleidern gesehen, mit Formen, wie sie nicht k... sein können; sie spielen mit lasziver Miene die Guitarre. Das ist g... wie ein schlüpfriger

Stich, Palais-Royal, 1816. Es hat uns tüchtig lachen gemacht und zu denken gegeben.

Etwas verhenkert Großartiges sind die Gräber der Könige. Stelle Dir Steinbrüche von Caumont vor, in die man auf einer Folge von Treppen hinabsteigt, all das von oben bis unten bemalt und vergoldet, mit Darstellungen von Trauerszenen: Tote, die man einbalsamiert. Könige auf ihren Thronen, mit all ihren Attributen, und furchtbare und merkwürdige Phantasien: Schlangen, die auf Menschenbeinen gehen, enthauptete Köpfe, die auf den Rücken von Krokodilen getragen werden, und dann Spieler von Musikinstrumenten und Lotoswälder. Wir haben da drei Tage verlebt. Es ist sehr ruiniert und verwüstet, nicht von der Zeit, sondern von den Reisenden und Gelehrten.

Wir haben eine Hyänenjagd veranstaltet. Das bestand darin, daß wir die Nacht unter freiem Himmel verbrachten, den ich noch nie so schön gesehen habe wie diese Nacht. Aber das Raubtier hat sich über uns lustig gemacht: es ist nicht gekommen. Dafür stieg ich eines Tages, als ich ganz allein und ohne Waffen auf der Seite der Gewölbe spazieren ritt, während Maxime seinerseits photographierte, langsam und die Nase auf die Brust gesenkt, aufwärts, indem ich mich dem Willen des Pferdes überließ, als ich plötzlich ein Geräusch abbröckelnder Steine höre; ich hebe den Kopf und sehe zehn Schritt vor mir etwas aus einer Höhle kommen, was wie eine Schlange den steilen Felsen erklettert. Es war ein großer Fuchs; er bleibt stehen, setzt sich auf die Hinterbeine und blickt mich an. Ich griff zu meinem Kneifer, und so sahen wir uns gegenseitig drei Minuten lang an, indem wir uns ohne Zweifel bei uns selber verschiedenen Reflexionen hingaben. Als ich ruhig umkehrte und die Dummheit verfluchte, die ich begangen hatte, als ich meine Flinte nicht mitnahm, bricht da zu meiner Linken aus einer andern Höhle (der Boden ist hier mehr damit durchlöchert als ein Schaumlöffel mit Löchern) mit unverschämter Ruhe der schönste Schakal hervor, den man sehen kann. Er ging ruhig mit kleinen Schritten davon, blieb von Zeit zu Zeit stehen, um den Kopf zu wenden und mir verächtliche Blicke zuzuwerfen. In Karnak würden wir nachts vom Lärm dieser Burschen betäubt, die wie die Teufel heulten; einer davon ist eines Nachts gekommen und hat uns mitten aus unserm Lager unsere Butter gestohlen. Die Krokodile sind im Nil gewöhnlicher als die Elsen in der Seine. Wir schießen mitunter auf sie, aber immer auf zu große Entfernung. Um sie zu töten, muß man sie in den Kopf treffen, und nur, wenn man sehr nahe kommt (aber sie haben ein feines Ohr und entschlüpfen behende), hat man Aussicht, diese scheußlichen Ungeheuer zu vernichten. Was für eine schöne Idee, die des Ungeheuers! Das um des Vergnügens willen, boshaft zu sein, boshafte Tier! Zu Esneh habe ich Ruschuk-Hanem wiedergesehen; das war traurig. Ich habe sie verändert gefunden. Sie war krank gewesen. Das Wetter war trübe, es standen Wolken am Himmel. Ihre abessynische Dienerin spritzte Wasser auf den Boden, um das Zimmer aufzufrischen. Ich habe sie lange angeblickt, um ihr Bild gut im Kopf zu behalten. Als ich aufbrach, haben wir ihr gesagt, wir würden am folgenden Tage wiederkommen, und wir sind nicht wieder hingegangen. Übrigens habe ich die Bitterkeit von all dem gut durchgekostet, das ist die Hauptsache; es ist mir bis in die Eingeweide gedrungen.

In Kosseïr habe ich das Rote Meer gesehen. Es war eine Reise von vier Tagen hin und von fünf zurück, zu Kamel und durch eine Hitze, die um die Mitte des Tages auf 45 Grad Reaumur stieg. Das stach, und ich habe bisweilen das Bier Richards herbeigewünscht, denn wir hatten Wasser, das außer dem Bocksgeschmack, der ihm von den Schläuchen mitgeteilt wurde, an sich schon nach Schwefel und Seife roch. Wir standen um drei Uhr morgens auf und legten uns um neun Uhr abends schlafen; wir lebten von harten Eiern, trockenen Früchten und Wassermelonen. Es war das echte Wüstenleben. Auf dem ganzen Wege trafen wir immer von Ort zu Ort Leichen von Kamelen, die vor Ermattung gestorben waren. Es gibt Stellen, wo man große Fliesenplatten aus Sand findet: das ist glatt und blank wie die Tenne einer Scheune; es sind die Stellen, wo die Kamele anhalten, um zu pissen. Der Urin hat auf die Dauer den Boden schließlich glasiert und ihn wie ein Parkett geebnet. Wir hatten einiges kaltes Fleisch mitgenommen. Schon um die Mitte des zweiten Tages waren wir gezwungen, es fortzuwerfen. Eine Hammelkeule, die wir auf einem Stein hatten liegen lassen, zog durch ihren Geruch sofort einen Bartgeier an, der weit darum zu kreisen begann.

Wir trafen wiederholt große Pilgerkarawanen, die nach Mekka zogen (Kosseïr ist der Hafen, wo sie sich nach Gedda einschiffen; von da nach Mekka sind nur noch drei Tage), alte Türken mit ihren Frauen, die in Körben getragen wurden, einen ganzen Harem, der verschleiert reiste, und der wie ein Bataillon Elstern schrie, als wir an ihm vorbeikamen, einen Derwisch mit einer Leopardenhaut auf dem Rücken. Die Kamele der Karawanen gehen bisweilen hintereinander in einer Linie, mitunter alle in gleicher Reihe. Wenn man diese Köpfe ganz fern am Horizont, verkürzt, sich wiegen und auf einen zukommen sieht, könnte man an eine Wanderung von Straußen denken, die langsam, langsam vorrückt und sich nähert. In Kosseïr haben wir Pilger aus dem Innern von Afrika gesehen, arme Neger, die seit einem Jahr, seit zwei Jahren auf dem Marsch sind. Da sieht man höchst merkwürdige Schädel. Wir haben auch Leute aus Bukkara gesehen, Tataren in spitzer Mütze, die im Schatten einer aus totem indischem Holz erbauten, gescheiterten Barke ihre Suppe kochten.

Von den Perlenfischern haben wir nur ihre Boote gesehen. Sie setzen sich zu zweit hinein, ein Ruderer und ein Taucher, und so gehen sie aufs hohe Meer hinaus. Wenn der Taucher wieder zur Wasseroberfläche emporsteigt, dringt ihm das Blut aus Ohren, Nasenlöchern und Augen. Am Tage nach meiner Ankunft habe ich im Roten Meer ein Bad genommen. Das war einer der wollüstigsten Genüsse meines Lebens; ich habe mich in den Wellen wie auf tausend flüssigen Brüsten gewälzt, die mir den ganzen Körper durchliefen.

Abends hat Maxime sich aus Höflichkeit, und um unserm Wirt Ehre zu machen, den Magen verdorben. Wir waren in einem getrennten Pavillon untergebracht, schliefen auf Diwanen im Angesicht des Meeres und wurden von einem jungen Eunuchenneger bedient, der die Teebretter mit den Tassen Kaffee schick auf dem linken Arm trug. Am Morgen des Tages, als wir wieder fort mußten, sind wir zwei Meilen von dort im alten Kosseïr gewesen, von dem nur noch Name und Ort übrig sind. Der kranke Maxime begann alsbald auf dem Sande zu schnarchen. Der Kawaß des Konsuls von Gedda und sein Sekretär, die, ebenso wie der Sohn unsres Wirtes, mit uns gekommen waren, begannen alsbald Muscheln zu suchen, und ich bin ganz allein geblieben und habe aufs Meer hinausgeblickt. Nie werde ich diesen Morgen vergessen. Ich bin wie von einem Abenteuer bewegt gewesen. Der Grund des Wassers war farbenreicher mit all den Muscheln und Schalentieren, den Madreporen und Korallen etc. etc., als es im Frühjahr eine mit Primeln bedeckte Wiese ist. Auf der Oberfläche des Meeres zogen alle möglichen Töne hin, schillerten, stuften sich von einem zum andern ab, mischten sich untereinander, vom Schokoladenbraun bis zum Amethyst, vom Rosa bis zum Lapislazuli und zum blassesten Grün. Es war unerhört, und wenn ich Maler gewesen wäre, so wäre ich bei dem Gedanken gewaltig eingeschüchtert worden, wie falsch die Reproduktion dieser Wahrheit (zugegeben, daß sie überhaupt möglich wäre) erscheinen würde. Wir sind am Abend dieses Tages um vier Uhr und in großer Trauer von Kosseïr aufgebrochen. Ich habe gefühlt, wie mir die Augen feucht wurden, als ich unsern Wirt umarmte und wieder auf mein Kamel stieg. Es ist immer traurig, von einem Ort aufzubrechen, wenn man weiß, daß man ihn niemals wiedersehen wird. Das sind jene Melancholien, die vielleicht zu den nutzbringendsten Dingen einer Reise gehören. Was die Veränderung angeht, die während unserer Trennung vielleicht bei uns hat eintreten können, so glaube ich nicht, lieber alter Kerl, wenn sie eingetreten ist, daß sie zu meinem Vorteil ist. Du wirst die Einsamkeit und Konzentration gewonnen haben; ich werde durch die Zerstreuung und die Träumerei verloren haben. Ich werde sehr leer und sehr steril. Ich fühle es. Das faßt mich wie eine steigende Flut. Vielleicht liegt es daran, daß der Körper sich regt; ich kann nicht zwei Dinge zugleich tun.

Vielleicht habe ich meinen Intellekt mit meinen Schnürhosen, meinem Maroquinsofa und Deiner Gesellschaft, lieber Herr, da unten gelassen. Wohin wird all das uns führen? was werden wir in zehn Jahren getan haben? Für mich, scheint mir, wenn ich das erste Werk, das ich jetzt mache, wieder verderbe, so bleibt mir nichts, als mich ins Wasser zu werfen. Ich, der so verwegen war, werde übertrieben furchtsam, was in den Künsten von allen Dingen das schlimmste ist und das größte Zeichen von Schwäche. In Kairo lebt ein Dichter, der orientalische Tragödien im Geschmack Marmontels schreibt, gemildert durch Ducis. Er hat uns eine Tragödie über Abd-el-Kader vorgelesen, der in eine Französin verliebt ist, und sich schließlich aus Eifersucht tötet. Da gibt es Stellen! Du kannst sie Dir nach dem Sujet vorstellen. Der Dichter, ein Arzt, ist ein Wesen aufgebläht von Eitelkeit, ein Schuft, ein Dieb, der alle Welt mit seinen Werken tötet und von seinen Landsleuten zurückgestoßen wird. Zur Zeit der Februarrevolution richtete er ein Gedicht an Lamartine, dessen Schlußvers lautete:

Es lebe stets die provisorische Regierung!

In einem zweiten an das französische Volk stand dies:

Französisch Volk! o meine Landsgenossen!

Er lebt mit einem schmutzigen Neger in einem düsteren Hause. Seine Familie fürchtet ihn, und wenn er seine Tragödie liest, zittert alles bei ihm vor Stille und Aufmerksamkeit. Er hat eine Papageinase, trägt blaue Brille, und wird von einem Ingenieur beschuldigt, er habe ihm eine Kiste Kleider gestohlen. Die französische Kanaille im Ausland ist prachtvoll, und ich füge hinzu, zahlreich. Eh, Alter, ich hoffe, da hast Du ein Paket, und ich bin ein lieber Kerl! Antworte mir nach Beyruth, wo wir Ende Juli sein werden, dann nach Jerusalem. Adieu, Alter von der Feder, ich küsse Dich auf Deinen guten Kopf.

5. Juni. Morgen ist der sechste, der Geburtstag des großen Corneille! Welche Sitzung in der Akademie zu Rouen! welche Reden! Kostüme der Herren: weiße Krawatten, Pomp, gesunde Tradition! ein kleiner Bericht über den Ackerbau.

****

An seine Mutter.

6 Meilen vor Benisuef, d. 24. Juni 1850.

Als ich Dir meinen letzten Brief von Siuph schickte, liebe, arme alte Mutter, glaubte ich noch, um diese Zeit würden wir schon seit mehreren Tagen in

Kairo sein, aber ich hatte die Rechnung ohne den Wind gemacht, er ist uns beständig ungünstig gewesen. Seit vierzehn Tagen haben wir sechzig Meilen gemacht; es kommen Tage, wo wir eine Viertelmeile machen, und auch nur, wenn wir uns Hundemühe geben. Da der Nil jetzt seinen niedrigsten Stand hat, laufen wir oft auf, was unsere Reise nicht beschleunigt. Kurz, da ich daran verzweifle, vor mindestens acht Tagen in Kairo einzutreffen (von Benisuef bis Kairo sind genau 25 Meilen) und fürchte, daß Du einen Kurier überschlagen mußt, ohne Briefe zu bekommen, will ich diesen auf jeden Fall nach Kairo schicken, sobald wir in Benisuef an Land gehn. Aber ich fürchte, die indische Post ist noch nicht angekommen und der Kurier von Ende Juni schon fort. Infolgedessen wirst Du einen Monat lang ohne Nachricht von mir sein. Arme Mutter, ich tue alles, was ich kann, damit Du so oft wie möglich welche erhältst. Aber ich beherrsche weder den Wind noch die Boote, noch die Post, noch den guten Willen der Leute, durch deren Hand meine Briefe gehen. In Syrien werden in meiner Korrespondenz wahrscheinlich große Unregelmäßigkeiten eintreten; ich sage Dir das im voraus. Es wird bedeutend schlechter verwaltet als Ägypten, das den Einfluß Mehemet Alis ein wenig spürt, obgleich alles wieder in Verwirrung gerät und aufs schönste türkisch wird.

Unsere Matrosen sind vor Anstrengung abgemagert; unser Raïs ist gelb vor Ungeduld. Joseph sehnt sich nach der Ankunft, um seiner Frau Geld zu schicken, und Sassetti kommt um vor Verlangen, wieder in Kairo zu sein, ohne daß er weiß, warum, aus Nachahmungsgeist. Was Maxime und mich angeht, so haben wir uns an Bord nie weniger gelangweilt, obgleich wir nichts mehr zu tun und zu sehen haben. Wir haben Bücher und lesen nicht. Schreiben tun wir auch nichts. Wir verbringen ziemlich all unsere Zeit, indem wir die Sheiks spielen, das heißt, die Alten; der Scheik ist der alte Herr, untauglich, Rentier, angesehen, sehr versorgt, invalide; und wir stellen uns Fragen über unsere Reise im Geschmack der folgenden:

– Und findet man in den Städten, durch die Sie gekommen sind, ein wenig Gesellschaft? Haben Sie einen Zirkel gehabt, wo man die Zeitungen liest?

– Macht sich die Bewegung der Eisenbahnen ein wenig bemerklich? gibt es irgendeine große Linie?

– Und die sozialistischen Lehren, hoffe ich, sind, Gott sei Dank, noch nicht bis in diese Gegenden gedrungen?

– Gibt es wenigstens guten Wein? Haben Sie irgendein berühmtes Wachstum? etc. etc.

– Sind die Damen liebenswürdig?

– Gibt es wenigstens ein paar schöne Cafés? Entfalten die Ladenmädchen einen kostspieligen Luxus?

All das mit zittriger Stimme und blödsinniger Miene. Vom einfachen Scheik sind wir zum doppelten Scheik gekommen, das heißt, zum Dialog. Dann Dialoge über alles, was in der Welt vorgeht, und zwar mit Hilfe guter verknöcherter Ansichten. Dann ist der Scheik gealtert und zum zitternden Alten geworden, der aus Krankheiten zusammengenäht ist und unaufhörlich von seinen Mahlzeiten und von seiner Verdauung redet. Hier hat sich bei Maxime ein großes Mimikertalent entwickelt. Er hat einen Neffen, der Substitut ist, ein Mädchen, das Marianne heißt etc. Er nennt sich Vater Etienne, mich nennt er Quarafon; der Name Quarafon ist wundervoll. Wir gehen spazieren, indem wir uns gegenseitig stützen und Klatsch reden. (Er sagt mir hundertmal am Tage, ich solle an seinen Neffen, den Substituten, schreiben, damit er kommt, weil er sich nicht wohl fühle, und da wir junge Hühner bis zum Überdruß bekommen, sagt er, so oft ich mich beklage, zu mir: "Komm, Quarafon, tröste Dich, Du bekommst zu Mittag ein schönes Hühnchen. Ich habe Marianne Bescheid gesagt, sie soll Dir eins machen." Des Abends, wenn wir schlafen gehen, dauert es eine halbe Stunde. Wir brüllen ächzend und drehen uns gewichtig um, wie Leute, die von Rheumatismen verzehrt werden. "Na-gu-te-Nacht-mein-Freund, gu-te-Nacht!" Vor einigen Tagen begann ich gerade einzuschlafen, als ich ein Gewicht fühle, das mir auf dem Rücken lastet. Es war der Vater Etienne, der sich zu mir legte, weil er sich ganz allein in seinem Bett fürchtete. Mitunter gibt es auch bitteren Streit, wobei der Vater Etienne sein höheres Alter mißbraucht, und wobei Quarafon erklärt, er werde nächste Woche die Post nehmen.

Ich schreibe Dir all diese Dummheiten, liebe Mutter, weil Du es bist. Ich weiß, daß Dir alles, was Dich ein wenig in unser intimeres Leben einweiht, Freude macht. Du siehst, wir bringen die Zeit ziemlich lustig hin, und wenn wir das Land auch noch so viel wechseln, unsere Laune wechseln wir nicht. Einerlei, es wird mir auch keinen Schmerz bereiten, wenn ich in Kairo angekommen bin und Deine Briefe habe. Die letzten habe ich in Keneh am 17. Mai erhalten, vor bald sechs Wochen.

In Siuph sind wir von einem Arzt des Ortes aufgenommen worden, einem Franzosen, und auf eine dankenswerte Art aufgenommen. Zwei Tage lang haben wir uns bei diesem ausgezeichneten Burschen gemästet; das hat uns den Leib wieder auf den Damm gebracht und uns einen Moment vor dem Hühnchen, dem Reis und dem verschimmelten Brot Ruhe verschafft. Man trifft hier brave Leute, denen man keineswegs empfohlen ist, und die einen mit Entzücken aufnehmen. Das liegt an der Langenweile, in der sie leben, an dem Nachrichtenmangel und dem Heimweh nach dem Lande, von dem man ihnen ein Stück mitbringt.

Bei Manfalut haben wir die Grotten von Samut gesehen. Es ist ein unterirdischer Kirchhof, in dem man dreiviertel Stunden auf Brust und Bauch kriechen muß. Diese Expedition ist ebenso ermüdend wie merkwürdig. Man kommt erschöpft wieder heraus. Alles sintert vom Harz der Einbalsamierung; der Staub der Mumien packt einen an der Kehle und man hustet; die Fledermäuse flattern einem um die Laterne. Es ist ein netter kleiner Spaziergang, um ihn mit einer Dame zu machen. Wir haben Krokodilsmumien mitgebracht und auch vergoldete Menschenfüße und Hände. Sachen zum Aufhängen in unsern Zimmern. Die Anhäufung, die man dort findet, ist unerhört. Es gehört zu den merkwürdigsten Dingen, die man sehen kann. Wenn man ganz allein hineinginge, glaube ich, würde man von einer Panik erfaßt. Maxime hat gestern mit einer einzigen Kugel drei Pelikane geschossen. Ihre Kopfe hängen zum Trocknen am Steuerruder. Die Sammlung von Vogelfüßen mehrt sich. Vor ein paar Tagen hat man uns eine ungeheure lebendige Nileidechse gebracht, die einem kleinen Krokodil ähnlich sah; wir haben sie sofort getötet und abgehäutet. Für 60 Para (siebeneinenhalben Sou) habe ich einen schönen Schildkrötenpanzer gekauft. In einigen Tagen geht unsere Reise auf dem Nil zu Ende. Ich bin überzeugt, wir werden unsere arme Canja voll Trauer verlassen. Aber der Gedanke, daß ich mich Dir nähere, geliebte Mutter, löscht jedes Bedauern über die verfließende Zeit aus. Obgleich ich die Sentimentalitäten mit Haar, Blumen und Medaillons nicht liebe, schicke ich Dir, um nicht den Starkgeistigen zu spielen, eine Baumwollenblüte, die ich gestern in Fechnah eigens für Dich gepflückt habe.

****

An Louis Bouilhet.

Kairo, d. 27. Juni 1850.

Da sind wir wieder in Kairo. Weiter habe ich Dir nichts Neues zu sagen, lieber und guter alter Kerl, denn seit meinem letzten Brief ist über unsere Reise nichts Interessantes zu erzählen. In einigen Tagen brechen wir nach Alexandria auf, und am Schluß des nächsten Monats werden wir, wenn sich bis dahin nicht irgendein Hindernis erhebt, nicht mehr fern von Jerusalem sein.

Ich habe unsere arme Barke mit herzzerreißender Melancholie verlassen. Als ich wieder im Hotel in Kairo war, brummte mir der Kopf wie nach einer langen

Reise im Postwagen. Die Stadt ist mir leer und still erschienen, obgleich sie voller Menschen und aufgeregt war. Die erste Nacht meiner Ankunft hier habe ich fortwährend das weiche Geräusch der Ruder im Wasser gehört, das seit drei langen Monaten unsere träumerischen Tage abteilte.

Ein wunderliches psychologisches Phänomen, mein Herr! Wieder in Kairo angelangt (und nachdem ich Deinen guten Brief gelesen hatte), meinte ich vor intellektueller Intensität zu bersten. Plötzlich hat der Topf zu kochen begonnen, ich habe das brennende Bedürfnis gefühlt, zu schreiben. Ich war im Zug. Du sprichst mir von dem Vergnügen, das Dir meine Briefe machen; ich glaube es ohne Mühe nach der Freude, die mir Deine bereiten. Ich lese sie meist dreimal hintereinander, ich sättige mich daran. Was Du mir über Deine Besuche in Croisset sagst, hat mich im Tiefsten bewegt. Ich habe mich als Dich gefühlt. Dank, lieber alter Kerl, für die Besuche, die Du meiner Mutter machst. Dank, Dank. Sie hat nur Dich, um in ihren Gedanken von mir zu reden, und nur Dich, der mich im Grunde kennt. Das wittert man mit dem Herzen. Aber halte Dich nicht für verpflichtet, all Deine Sonntage in Croisset zu verbringen, armer alter Kerl. Langweile Dich nicht aus Liebe. Sie, glaube ich, würde für Deine Besuche gern hundert Franken die Stunde zahlen. Es wäre ein Spaß, ihr den Vorschlag zu machen. Siehst Du die Nota, die "der Kellner" bei dieser Gelegenheit aufputzen würde: "So und so viel für die Gesellschaft eines Mannes wie ich. Besondere Auslagen: ein geistreiches Wort gesagt, reizend gewesen und wohlerzogen etc."

Du langweilst Dich! wirst Du Dich weniger langweilen, wenn ich zurück bin? wer weiß? Das Alter der dauernden Traurigkeiten kommt. Wenigstens werden wir uns gemeinsam langweilen.

Der Plan eines chinesischen Märchens scheint mir als allgemeine Idee stark; kannst Du mir das Szenarium schicken? Wenn Du Deine Hauptrichtpunkte als Lokalfarbe hast, laß die Bücher liegen und mache Dich an die Komposition; laß uns uns nicht in die Archäologie verirren – eine allgemeine und verhängnisvolle Tendenz, glaube ich, der kommenden Generation. Der Entschluß Mulots ist schön und hat mir als künstlerische Moralität ungeheures Vergnügen gemacht; aber ist er ebenso intelligent und sympathisch wie gewissenhaft? (Ein Meister wäre zu einem Vogt gegangen und hätte zwanzig Minuten oder acht Tage mit ihm geredet, hätte verstanden und sich ans Werk gemacht; und die verlorene Zeit! Als die Unglücklichen, die wir sind, haben wir, glaube ich, viel Geschmack, weil wir von Grund aus historisch sind, weil wir alles zulassen und uns auf den Standpunkt des Dinges stellen, um es zu beurteilen. Aber haben wir ebensoviel Angeborenes wie wir Umfassung haben? Ist eine wilde Originalität mit so viel Breite auch nur vereinbar? Das ist mein Zweifel an dem künstlerischen Geist der Epoche, das heißt, der wenigen Künstler, die es gibt. Wenigstens werden wir, wenn wir selber nichts Gutes machen, vielleicht eine Generation vorbereiten und heraufführen, die die Kühnheit (ich suche ein anderes Wort) unserer Väter mit unserm eigenen Eklektizismus vereint besitzt. Das würde mich verwundern: die Welt wird verteufelt stumpfsinnig werden. Es wird noch lange langweilig sein. Wir tun gut, daß wir jetzt leben. Du würdest nicht glauben, daß wir viel von der Zukunft der Gesellschaft reden. Für mich steht es fast fest, daß sie in mehr oder minder ferner Zeit wie eine Schule verwaltet werden wird. Die Kandidaten werden das Gesetz machen. Die Menschheit wird in ihrem stumpfsinnigen Aufsatz keine Barbarismen mehr schreiben; aber welcher tote Stil, welcher Mangel an Plastik, Rhythmus und Schwung! O Magniers der Zukunft, wo werben eure Begeisterungen sein?

Was tut's, schließlich ist der gute Gott immer da; hoffen wir, daß er immer der Stärkste sein wird, und daß diese alte Sonne nicht untergeht. Gestern abend (oder gestern gegen Abend) habe ich Paulus' Geschimpf gegen Venus wiedergelesen, und heute morgen habe ich wie mit achtzehn Jahren die Lehre des l'art pour l'art gegen einen Utilitarier (einen Starkgeist übrigens) verteidigt, ich widerstehe dem Strom. Wird er uns mitreißen? Nein, lieber wollen wir uns mit unseren Tischbeinen das Maul zerschlagen. Laß uns stark sein, laß uns schön sein, wischen mir den Staub im Grase ab, der uns die goldenen Stiefel beschmutzt, oder wischen wir ihn auch nicht ab, wenn nur Gold darunter sitzt, was tut der Staub dann darüber? Ich habe (immer noch im Gefolge dieses alten Frauenzimmers Literatur, dem man Quecksilber und Pillen einzupfropfen versuchen muß) Vacqueries Kritik über Gabrielle gelesen: das ist gut, das ist sogar sehr gut, das hat mich baß verwundert, er hat ihn gut bei seiner Schwäche gepackt, darüber habe ich mich gefreut.

Einen Teil der Nacht habe ich mit der Lektüre eines Scribeschen Romans: die anonyme Geliebte, zugebracht; das ist vollkommen, verschaffe Dir dies Werk, die Unsauberkeit kann nicht weiter gehn, da fehlt nichts mehr. O Publikum! Publikum! Es gibt Momente, da fühle ich, wenn ich darüber nachdenke, jenen ungeheuren und ohnmächtigen Haß gegen das Publikum, wie Marie-Antoinette ihn empfand, als sie sah, wie man in die Tuilerien drang. Aber reden wir von etwas anderem.

Das Gedicht (im Anschluß an Mussets Band) ist gut, unverschämt, prickelnd, nur ein wenig lang, vor allem (und nur da) gegen den Schluß hin. Wenn Du es ein wenig kondensieren könntest (leicht für Dich, der Du kein Mensch der Inspirationen bist), so wäre es vollkommen. Aber eins ist sehr schön, lieber alter Kerl, das Gedicht: An einen Herrn, das ist stark. Nicht um Dir eine Unehrlichkeit zu sagen, wie man sie mir mein ganzes Leben lang über mein Gesicht gesagt hat, indem man mit jedermann Ähnlichkeiten fand, aber es ist seltsam, wie das mich an Alfred erinnert hat, findest Du nicht auch?

Alexandria, d. 5. Juli.

Es ist aus, ich habe Kairo, das heißt, Ägypten Adieu gesagt. Das arme Kairo! wie schön es das letzte Mal war, als ich unter seinen Bäumen die Nacht einsog. Alexandria langweilt mich. Es ist voll Europäer, man steht nur Stiefel und Hüte; mir ist, als wäre ich am Tor von Paris ohne Paris. Endlich in ein paar Tagen Syrien, und da wollen wir den Hintern in den Sattel setzen, und zwar auf lange. Wir werden in großen Stulpen sitzen und mit der Brust im Winde galoppieren.

Ich danke Dir, lieber alter Kerl, für die Geschenke, die mich in Beyruth erwarten. Von Lamartine habe ich gestern imConstitutionell ein paar Stellen aus Geneviève gelesen. In der Vorrede steht eine Liste der großen Bücher, die ich Dir empfehle. Das ist Narrheit, die Idiotismus wird.

Was sagst Du zu der folgenden Geschichte, die in Kairo passiert ist, während wir dort waren? Eine junge und schöne Frau (ich habe sie gesehen), die mit einem Alten verheiratet war, konnte ihren Geliebten nicht besuchen, wie sie wollte. In den kaum drei Monaten, die sie sich kannten, hatten sie sich nur drei- oder viermal sehen können, so wurde das arme Kind überwacht. Der Mann, alt, eifersüchtig, krank, zänkisch, schränkte sie in ihren Ausgaben ein, quälte sie auf jede Art, enterbte sie auf den geringsten Argwohn hin, und machte dann von neuem ein Testament, und so fort, da er glaubte, sie durch die Hoffnung auf die Erbschaft an der Schnur zu halten. Unterdes wird er krank. Mißliche Lage, hingebende Pflege der Dame, man ruft sie; als dann alles zu Ende ist, der Kranke keine Hoffnung mehr hat, sich nicht mehr rühren, nicht mehr reden kann, auf dem Sterbebette liegt, aber immer noch bei Bewußtsein ist, da führt sie ihren Geliebten ins Zimmer und gibt sich ihm vor den Augen des Sterbenden hin. Stelle Dir im Traum das Bild vor! Hat er rasen müssen, der arme Kerl! das ist eine Rache.

****

An seine Mutter.

Beyruth, d. 26. Juli 1850.

In der Nacht vom letzten Donnerstag auf Freitag sind wir in Beyruth angekommen. Der Nebel verschleierte die Küsten von Syrien, es war feucht, das Deck war naß, alle Passagiere schliefen, ich allein ausgenommen, der sich, den Kneifer auf dem Auge, abreckte, um etwas zu sehen. Schließlich erschienen auf den Wellen Lichter, das war Beyruth. Wir waren auf der Reede, das Boot ging mit halbem Dampf. Alles schwieg, man hörte von unter dem Schiffsbug her im Geflügelkäfig eine Henne glucksen, und oben am Mast knarrte die Laterne in der Feuchtigkeit der Nacht. Einige Zeit darauf hörte ich vom Ufer her einen Hahnenschrei; ein zweiter antwortete, und dann mischte sich unter diese beiden Stimmen eine dritte schrille Stimme, und zwar einförmig rhythmisch wie Grillenzirpen. Der Kapitän gab auf der Kommandobrücke Befehle, der Mond war gerade untergegangen, man sah viele Sterne. Wir kamen an einem Schiff vorbei, dessen Kajüte erleuchtet war, man warf den Anker aus, wir waren angekommen, und ich legte mich schlafen. Meine Uhr zeigte drei Uhr fünf Minuten morgens.

Am Tage darauf, oder vielmehr drei Stunden darauf, um sechs, haben wir uns, Gepäck und Leute, im Lazarettboot eingeschifft. Bei uns waren an Leuten, die uns in der Gefangenschaft Gesellschaft leisten sollten, zwei Franziskanermönche, von denen der eine nach Ispahan geht, und der andere nach Jerusalem, ein Malteser Hauptmann und zwei oder drei in Alexandria ansässige christliche Kaufleute aus Syrien, von denen der eine eine arme kleine Negerin von zehn bis zwölf Jahren besaß. Als wir auf den Dampfer gekommen waren, hatten wir sie in einem Winkel hocken und heiße Tranen weinen sehen. Sie sah so elend aus und so traurig, daß die Matrosen Mitleid mit ihr hatten. Joseph, der ihren Eigentümer kannte, sagte zu mir: es gibt solche Kanaillen unter den syrischen Christen! schlimmer noch als die Türken – es sind ganz schlechte Leute; hart, wissen Sie wohl? brutal wie Maultiere. Gestern haben wir sie gesehen, als ihre Herren sie ein Meerbad nehmen ließen. Ihr armer, kleiner, schwarzer Körper lag da ganz nackt auf dem Sande, die Füße im Wasser, unter der vollen Sonne, mit seinem krausen, schwarzen Kopfe und um den Hals einen großen silbernen Ring. Sie haben sie mit Sand geseift, und so roh, daß ihr die Haut blutete. Dann warfen sie sie ins Wasser und spülten sie ab wie einen Pudel. Da habe ich an die jungen Mädchen in Europa gedacht, die mit ihren Müttern ausgehn, Lehrer haben, Klavier spielen und Romane lesen, die Füße in ihren gestickten Pantoffeln ... Auch eine gute Elsässerin war noch bei uns, die zu ihrem Bräutigam nach Jerusalem geht, der dort eine Seidenraupenanlage hat, und ferner noch ein deutscher Student. Der deutsche Student hat seine Landsmännin in Marseille getroffen, er begleitet und beschützt sie. Diese beiden braven Leute hatten in Alexandria eine Flasche Wein gekauft, die bei der Einschiffung verloren gegangen war, und um die sie sehr unruhig schienen. Es war wie bei dem Manne mit den Stiefeln auf dem Wagen von Fécamp: "Riechen Sie die Stiefel nicht?" Der Student sagte zu jedermann:

" Ne foyez-vous pas une pouteille de fin? Chosef, ne chentez-fous pas une pouteille de fin?" Schließlich hat man die famose Flasche doch noch entdeckt, wie sie unter einem unserer Menagekörbe in der Barke umherrollte. Als er die Gefahr sah, in der sie geschwebt hatte, riß der Eigentümer unter seiner Brille die Augen auf. Es war ein Monstrum von Flasche, groß wie ein Krug, und sie enthielt wohl zehn bis fünfzehn Liter. Das hatten sie sich für die " foyache" mitgenommen.

Das Meer war so durchsichtig und so blau, daß wir die Fische vorüberschwimmen sahen und auf dem Boden die Algen. Es war ruhig und schwoll mit weicher Bewegung, gleich der einer schlafenden Brust. Vor uns Beyruth mit seinen weißen, halb angelehnten Häusern, die bis zum Rande der Wellen niederstiegen, mitten im Grün der Maulbeerbäume und der Pinien. Dann links der Libanon. Das heißt, eine Bergkette mit Dörfern in den Furchen seiner Täler, von Wolken umkrönt, und mit Schnee auf dem Gipfel. Ah! arme Mutter, sieh, in diesem Moment stehn mir die Tränen in den Augen, wenn ich denke, daß Du nicht da bist, daß Du nicht wie ich all diese schönen Dinge genießt, Du, die Du sie so liebst. Wie würde ich mich freuen, wenn ich Dein armes Gesicht sähe, hier, neben mir, wie es staunt über diese fabelhaften Landschaften. Ich glaube, Syrien ist ein grandioses Land, "es iß was Besonneres", sagt Joseph. Wir sind mit Grün und mit fetten Aussichten nicht verwöhnt. Ägypten ist sogar nur durch den monumentalen, gleichmäßigen, erbarmungslosen Charakter seiner Natur, der Zwillingsschwester seiner Architektur, schön. Aber Syrien ist ganz im Gegenteil bewegt, mannigfaltig, voll unerwarteter Dinge. Das Lazarett ist zum Beispiel einer der schönsten Landpavillons, die ich kenne; o Natur! Natur! was für eine alte Kanaille diese alte Natur ist! wie ruhig das ist! welche Heiterkeit! neben all unserer Aufregung!

****

An dieselbe.

Jerusalem, d. 9. August 1850.

Wir sind gestern abend um halb fünf angekommen. Das ist ein Datum im Leben, arme liebe Mutter. Bis jetzt habe ich noch nichts gesehen als zweimal Botta, ein Tor, das armenische Kloster, den Platz, wo das Haus des Pontius Pilatus gestanden hat, und das der heiligen Veronika. Alles ist geschlossen, man feiert das Beiramsfest (Schluß des Ramadan). Morgen erst beginnen wir unsere Gänge. Jerusalem ist von ungeheurer Traurigkeit? das hat einen großen Reiz, der Fluch Gottes scheint über dieser Stadt zu schweben, wo man nur auf M... geht und nur Ruinen sieht. Es ist verteufelt grandios.

In Beyruth sind wir drei oder vier Tage länger geblieben, als wir wollten, dank der Gesellschaft, die wir dort gefunden haben. Statt der wackeren Leute und der mehr oder minder langweiligen Kanaillen Ägyptens sind wir auf eine kleine, wirklich sehr liebenswürdige Gruppe gestoßen: den Konsul mit seiner Familie, den französischen Sanitätsrat, den Justizrat und den Postdirektor Camille Rogier, einen wackeren Maler, der dort gestrandet ist und der an diesem schönen Ort (mit Hilfe der Post) lebt und Orientale wird. Wir haben entdeckt, daß wir zur gleichen Künstlerbande gehören. Es war für uns ein großes Glück, daß wir uns so plötzlich in einem rechten Künstleratelier sahen, wo wir statt Zeichnungen Auskunft und Unterkunft fanden, einen Haufen von Dingen, die wir anderswo nicht getroffen hätten. Wir waren wirklich in guter und reizender Gesellschaft. Wir haben auf dem Grase Picknicks abgehalten, bedient von Grooms ohne anderes Kostüm als Lederhosen. Um von Beyruth fortzukommen, haben wir uns beinah losreißen müssen; die Erklärung all dieser Liebenswürdigkeiten findet sich übrigens in einem Wort Rogiers, der zu uns sagte: "Wenn Sie meinen, daß wir Sie um Ihretwillen zum Bleiben drängen, so sind Sie ein gutes Kind." Wirklich sind diese Verbannten alle glücklich, wenn sie Leute finden, mit denen sie von ihrer Welt, von ihren Studien reden können. Wir brachten ihnen Paris mit, und etwas von allem, was sie dort gelassen haben. Beyruth ist übrigens ein reizender Ort, man trinkt dort Schnee, und man wohnt in Landhäusern mit prachtvoller Aussicht, im Angesicht des Meeres und der Berge. Das Grün, das an den Mauern wächst, dringt bis in die Zimmer hinein. Unsere Reise von Beyruth nach Jerusalem hat neun Tage gedauert. Wir sind um vier Uhr morgens aufgebrochen. Wir haben um die Mitte des Tages eine Siesta abgehalten und bei Sonnenuntergang Halt gemacht. So geht unser Leben ganz Syrien hindurch. Wir schlafen in Karawansereien oder unter Bäumen im Freien. Dann beleuchtet unsere Laterne, die in die Äste gehängt wird, das Laub, unser kreisförmig aufgestapeltes Gepäck und das Hinterteil unserer Pferde, die um uns an ihre Pflöcke gebunden sind. Wir haben vier Maultiere, deren Glocken wir den ganzen Tag hindurch beim Marschieren klingeln hören, kling, kling. Wir haben auch einen Esel für den Chef der Maultiertreiber, einen großen, mageren Biedermann, der einen Regenschirm trägt, um sich vor der Sonne zu schützen, und ein Pferd, auf das man das Futter für die Tiere lädt. Schließlich unsere vier Pferde für uns. Im ganzen zehn Tiere und acht Menschen (denn vier Maultiertreiber gehen zu Fuß), das ist so der Orient und die echte Reise. Ich genieße alles, ich koste den Himmel, die Steine, das Meer, die Ruinen aus. Wir bringen ganze Tage hin, ohne den Mund aufzutun, Seite an Seite in unsere besonderen Träumereien versunken. Dann aber bricht das Spundloch von Zeit zu Zeit einmal auf.

Ich habe Tyrus, Sidon, den Karmel, Akkon, Jaffa, Ramle gesehen. Neun Tage lang sind wir am Rande des Meeres entlang geritten. Bisweilen sind wir durch ganze Oleanderwälder gekommen, die bis zum Rande der Wellen wachsen. Von Zeit zu Zeit findet man bucklige Brücken über ausgetrocknete Schluchten gespannt, die mein Glück ausmachen, besonders, wenn eine Schar von Reisenden, Kamelen und Beduinen, darunter herzieht. Das gibt ein großes Bild von Grün in einem kleinen Steinrahmen. Ja, Syrien ist ein schönes Land, ebenso wechselvoll und ebenso wild in Kontrasten und Farben, wie Ägypten ruhig, eintönig und fürs Auge gleichmäßig erbarmungslos ist.

****

An dieselbe.

Jerusalem, d. 25. August 1850.

Mit demselben Kurier schreibe ich an Bouilhet. Ich habe ihm von dem religiösen Eindruck gesprochen, den die heiligen Orte auf mich gemacht haben, das heißt, von dem Mangel eines Eindrucks. Das arabische Sprichwort hat recht: "Mißtraue dem Hadschi (Pilger)." Wirklich, man muß dort einer Pilgerreise weniger fromm heimkehren, als man aufgebrochen ist. Was man hier an Schmählichkeiten, Gemeinheiten, an Simonie und unedlen Dingen jeder Art sieht, übersteigt das gewöhnliche Maß. Diese heiligen Orte machen einem nichts aus. Die Lüge liegt überall und zu handgreiflich. Was die künstlerische Seite angeht, so sind die Kirchen der Bretagne daneben raphaelitische Museen.

Aber das Land scheint mir dafür prachtvoll, seinem Ruf entgegen; man hört nicht auf, an die Bibel zu denken; der Himmel, die Berge, die Haltung der Kamele (o! die Kamele), die Frauengewänder, alles findet man wieder. Jeden Tag sieht man lebendige Seiten daraus vor sich. Wenn Du also, arme alte Mutter, eine gute Vorstellung von der Welt haben willst, in der ich lebe, so lies die Genesis, das Buch der Richter und der Könige. Vorgestern sind wir von Jericho, vom Jordan und vom Toten Meer zurückgekommen. Zwei oder dreimal habe ich gefühlt, wie mir der Kopf davonging. Wir hatten eine Bedeckung von acht Berittenen, wir machten Galoppritte, Karriere ... unter einem Himmel, ultramarin wie Lapislazuli und dann ... und dann alles andere. In Jericho haben wir in einer türkischen Festung geschlafen, ganz oben, auf einer Terrasse. Der Mond glänzte hell genug, um in seinem Licht ohne Anstrengung lesen zu können. Am Fuß der Mauer heulten die Schakale; und um uns rauchten die zerlumpten türkischen Soldaten auf Matten ihre Pfeifen, oder sie verrichteten ihre Gebete. Am Tage darauf haben wir mitten im Gebirge zu Saba in einem griechischen Kloster geschlafen, das aus Furcht vor den Beduinen stärker befestigt war als eine Burg. Die ganze Nacht habe ich ihre Stimmen in der Kirche singen gehört, und dazu das Ticktack der Uhr, die ganz oben über dem Kloster auf einem Felsen hockt.

Wir bringen eine furchtbare Menge von Rosenkränzen mit. Maxime insbesondere hat eine Wut darauf. Er kauft sie überall, unter dem Vorwand, es seien Geschenke, die viel Freude machten und wenig kosteten ...

****

An Louis Bouilhet.

Jerusalem, d. 20. August 1850.

Ich werde wohl wie Sassetti sagen: "Sie sollten es nicht glauben, Herr, na, als ich Jerusalem sah, hat mir das doch einen gelungenen Eindruck gemacht." Ich habe mein Pferd angehalten, das ich den anderen vorausgejagt hatte, und ich habe die heilige Stadt betrachtet, ganz erstaunt, sie zu sehen. Alles ist mir recht sauber erschienen, und die Mauern in besserem Zustande, als ich erwartet hatte. Dann habe ich an Christus gedacht, den ich habe auf den Ölberg steigen sehen. Er trug ein blaues Gewand, und auf seinen Schläfen perlte der Schweiß. Ich habe auch an seinen Einzug in Jerusalem gedacht, mit lauten Rufen, grünen Palmen etc., an das Fresko von Flandrin, das wir am Tage vor meiner Abreise zusammen in Saint-Germain-des-Prés gesehen haben. Zu meiner Rechten standen im Hintergrunde hinter der heiligen Stadt die weißen Berge von Hebron, zerrissen in dunstiger Durchsichtigkeit; der Himmel war bleich. Es waren einige Wolken vorhanden, obgleich es heiß war; das Licht war so verteilt, daß es mir wie das eines Wintertages erschien, so grell, weiß und hart war es. Dann stieß Maxime mit dem Gepäck wieder zu mir. Wir zogen durch das Tor von Jaffa ein und aßen um sechs Uhr abends.

Jerusalem ist ein von Mauern umgebenes Beinhaus. Alles verwest, die toten Hunde auf den Straßen, die Religionen in den Kirchen. Man sieht eine Menge Unrat und Ruinen. Der polnische Jude mit seiner Fuchspelzmütze gleitet schweigend die zerfetzten Mauern entlang, in deren Schatten der träge türkische Soldat rauchend seinen Rosenkranz abzählt. Die Armenier verfluchen die Griechen, die die Lateiner verabscheuen, die die Kopten exkommunizieren. All das ist noch trauriger als grotesk. Das mag wohl grotesker sein als traurig. Alles hängt vom Gesichtspunkt ab; aber laß uns den Einzelheiten nicht vorgreifen.

Das erste, was wir auf den Straßen bemerkt haben, ist die Schlächterei. Mitten unter den Häusern findet sich zufällig ein Platz; auf diesem Platz sieht man ein Loch, und in dem Loch Blut, Gedärme, Urin, ein Arsenal heißer Töne zum Gebrauch der Koloristen. Rund herum stinkt es zum Platzen; dicht dabei zwei gekreuzte Stangen, an denen ein Krug hängt. Da tötet man die Tiere und verschleißt das Fleisch. Der junge Du Camp hat es gemacht wie in Montfaucon, er meinte, ihm werde übel. Ja, mein Herr, andere Schlachthäuser gibt es nicht. Die Lokalzeitungen sollten die Ädilen schon ein wenig auszanken. Dann sind wir im Hause des Pontius Pilatus gewesen, das in eine Kaserne verwandelt ist. Das heißt, an der Stelle, wo man sagt, daß das Haus Pontii Pilati gestanden hat, steht eine Kaserne. Von dort aus sieht man den Platz des Tempels, auf dem jetzt die schöne Omarsmoschee steht. Wir bringen Dir eine Zeichnung mit. Das heilige Grab ist eine Versammlung aller nur möglichen Flüche. Auf einem so kleinen Raum steht eine armenische, eine griechische, eine lateinische und eine koptische Kirche. All das schimpft sich, verflucht sich aus dem Grunde der Seele und greift um Kerzen, Teppiche und Bilder – was für Bilder – in die Rechte seines Nachbarn ein. Der türkische Pascha hat die Schlüssel zum heiligen Grabe; wenn man es besuchen will, muß man die Schlüssel bei ihm holen. Das finde ich sehr stark; übrigens geschieht es aus Humanität. Wenn das heilige Grab den Christen ausgeliefert würde, schlachteten sie sich unfehlbar hin. Man hat es erlebt.

Tanta religio etc., wie der artige Lukrez sagt. An Kunst gibt es hier in allen Kirchen und Klöstern nur Erzerbärmliches. Das rivalisiert mit der Bretagne. Abgesehn von einigen Vergoldungen Straußeneier, aufgereiht wie ein Rosenkranz, und silberne Leuchter bei den Griechen, die wenigstens den Vorzug genießen, daß sie einigen Luxus haben. In Bethlehem habe ich einen Kindermord gesehen, auf dem der römische Zenturio wie Poniatowski russische Stiefel, enganliegende Hose und ein weißes Federbarett trägt. Die Darstellungen der Märtyrer sind so, daß man sich in die Henker verlieben möchte, wenn sie den Opfern nicht gleichwertig wären. Und dann wird man mit Heiligkeiten bestürmt. Ich habe sie satt. Besonders die Rosenkränze hängen mir zum Halse heraus. Wir haben wohl sieben oder acht Dutzend davon gekauft. Und dann und vor allem ist all das nicht wahr. All das lügt. Nach meinem ersten Besuch im heiligen Grabe bin ich ermattet, bis in das Mark der Knochen hinein gelangweilt ins Hotel zurückgekommen. Ich habe einen heiligen Matthäus hergenommen und unter einem Aufblühen jungfräulichen Herzens die Bergpredigt gelesen. Das hat all die kalte Bitterkeit beruhigt, die da unten in mir aufgestiegen war. Man hat alles getan, was man hat tun können, um die heiligen Orte lächerlich zu machen. Es ist verteufelt dr...: Heuchelei, Habsucht, Fälschung und Unverschämtheit, ja, aber von Heiligkeit keine Spur. Ich grolle diesen Schuften, daß ich nicht bewegt war, und ich verlange nichts Besseres, als es zu sein, Du kennst mich. Trotzdem habe ich eine eigene Reliquie, und ich werde sie behalten. Dies ist die Geschichte: das zweite Mal, daß ich zum heiligen Grabe ging, war ich im Grab selber, einer kleinen, ganz mit Lampen erleuchteten Kapelle voll Blumen in Porzellantöpfen, denen gleich, die die Kamine der Näherinnen schmücken. So viele Lampen hängen dicht nebeneinander, daß es aussieht wie die Decke in einem Lampenladen. Die Wände sind aus Marmor. Vor einem schneidet ein in Basrelief gearbeiteter Christus in Lebensgröße, furchtbar durch seine rotgemalten Seiten, Grimassen. Ich blickte den heiligen Stein an; der Priester öffnete einen Schrank, nahm eine Rose, gab sie mir, goß mir Orangenblütenwasser über die Hände, nahm sie mir wieder ab und legte sie auf den Stein, um sie zu segnen. Ich weiß nicht, welche zärtliche Bitterkeit mich überkam. Ich dachte an die frommen Seelen, die ein derartiges Geschenk an solchem Ort entzückt hätte, und für mich war es so verloren. Ich habe nicht über meine Trockenheit geweint und nichts bedauert, aber ich habe jene seltsame Empfindung gehabt, die zwei Leute "wie wir" erfahren, wenn sie allein am Feuer sitzen und mit allen Kräften ihrer Seele jenen alten Abgrund durchwühlen, den das Wort "Liebe" darstellt, und sich ausmalen, was es wäre ... wenn es möglich wäre. Nein, ich bin da weder voltairianisch noch mephistophelisch noch sadistisch gewesen; ich war im Gegenteil sehr einfältig. Ich ging in gutem Glauben hin, und nicht einmal meine Phantasie hat sich gerührt. Ich habe die Kapuziner mit Janitscharen zusammen die halbe Tasse trinken sehen, und die Brüder vom heiligen Lande auf dem Ölberg ein kleines Frühstück essen. Man teilte in einem kleinen Weingut daneben kleine Gläser aus; da standen zwei dieser Herren mit drei Dämchen, bei denen man – in Parenthese – die Zitzen sah.

Die Grotte der Geburt in Bethlehem ist besser. Die Lampen machen einen schönen Eindruck, dabei denkt man an die drei Könige vom Morgenlande. Aber dafür ist es ein wundervolles Land, ein rauhes und grandioses Land, das auf der Höhe der Bibel steht. Berge, Himmel, Kostüme, alles scheint mir ungeheuer. Wir sind gestern vom Jordan und vom Toten Meer zurückgekommen. Um Dir eine Vorstellung zu geben, müßte man sich dem pompösesten Stil hingeben, was mich und ohne Zweifel auch Dich langweilen würde. Am Ufer des Toten Meeres habe ich auf einer kleinen Insel aufgehäufter Steine, die dort liegt, einen von der Sonne ganz brennenden schwarzen Kieselstein für Dich aufgehoben, armer alter Kerl, und aus dem blauen und lauen Wasser habe ich noch drei oder vier kleine mitgenommen.

Wir sitzen jetzt fast immer im Sattel, gestiefelt, bespornt, bis an die Zähne bewaffnet. Wir reiten im Schritt, und dann ganz plötzlich jagen wir unsere

Pferde in Karriere hin. Diese Tiere haben wunderbare Füße. Wenn man einen steilen Hang hinabreitet, tasten sie, ehe sie den Huf irgendwohin setzen, langsam mit jener weichen und intelligenten Bewegung der Hand eines Blinden herum, die etwas fassen will. Dann setzen sie ihn fest auf und man reitet weiter. Wir halten an den Brunnen, wir schlafen unter den Bäumen; ich kann nicht schlafen, so viel Flöhe habe ich. Wir haben vier Maultiere, die Halsjoche mit Glöckchen tragen; das dauert den ganzen Tag und die Nacht, wenn sie um uns lagern und ihr Stroh kauen.

In Beyruth haben wir die Bekanntschaft eines wackeren Burschen, Camille Rogiers, gemacht, des Postdirektors. (Es ist ein Maler aus Paris, einer von der Clique Gautier, der dort lebt und Orientale wird. Diese intelligente Begegnung hat uns Vergnügen gemacht. Er hat ein hübsches Haus und einen hübschen Koch.

Es ist recht lange her, seit ich Deine gute Handschrift nicht mehr gelesen habe, jetzt sind die Ferien, Du mußt ein wenig mehr Zeit haben. Schreibe mir Bände.

****

An denselben.

Damaskus, d. 4. September 1850.

Auch Du, mein Sohn Brutus! was nicht sagen will, daß ich ein Cäsar bin!

Auch Du, armer alter Kerl, den ich um seines unerschütterlichen Glaubens willen so sehr bewunderte! Du hast ein Recht, es zu sagen, Du bist zwei Jahre lang groß gewesen, und an dem Tage, an dem Du diesen famosen Ehrenpreis davongetragen hast, der den mütterlichen Kamin schmückt, hat Deine Mutter auf Dich stolz sein können. Aber sie ist es nie so sehr gewesen, wie ich es war, sei überzeugt. Mitten in meiner Müdigkeit, meiner Entmutigung und all den Bitterkeiten, die mir auf die Lippen stiegen, warst Du das Selterswasser, das mir das Leben verdauen half. In Dir erfrischte ich mich wie in einem stärkenden Bad. Wenn ich mich bei mir allein beklagte, sagte ich mir: "Sieh ihn an," und ich machte mich um so kräftiger an die Arbeit. Du warst mein moralischstes Schauspiel und meine beständige Erbauung. Soll jetzt der Heilige aus seiner Nische fallen? Rühre Dich also nicht von Deinem Piedestal. Wären wir etwa Kretins? Das kann sein. Aber nicht wir dürfen es sagen, und weniger noch es glauben. Die Zeit der Migräne und der nervösen Erschöpfungen aber sollte für uns vorüber sein. Es gibt eins, was uns zugrunde richtet, siehst Du, etwas Stumpfsinniges, was uns fesselt. Das ist der "Geschmack", der gute Geschmack. Davon haben wir zu viel, ich meine, wir sorgen uns mehr darum, als man darf. Die Angst vor dem Schlechten befällt uns wie ein Nebel (ein schmutziger Dezembernebel, der plötzlich kommt, einem die Eingeweide vereist, in die Nase stinkt und in die Augen sticht). So sehr, daß wir, selbst wenn wir vorzurücken wagen, unbeweglich bleiben. Fühlst Du nicht, wie kritisch wir werden, daß wir eine eigene Poetik haben, im voraus fertige Ideen, kurze Regeln, ganz wie Delille und Marmontel? Es sind andere, aber was tut das? Was uns fehlt, ist die Kühnheit. Durch all die Skrupeln gleichen wir jenen armen Frommen, die aus Furcht vor der Hölle nicht leben, und die ihren Beichtvater am frühen Morgen wecken, um sich anzuklagen, daß sie nachts verliebte Träume gehabt haben. Sorgen wir uns nicht so sehr um das Ergebnis. Laß uns lieben, lieben, was kommt auf das Kind an, mit dem die Muse niederkommen wird; liegt nicht der reinste Genuß in ihren Küssen?

Schlecht tun, gut tun, was kommt darauf an? Für mein Teil habe ich darauf verzichtet, mich mit der Zukunft zu befassen. Das ist klug. Mein Entschluß steht fest. Wenn mich nicht in den nächsten Jahren ein besonders literarischer Windstoß faßt, bin ich sehr entschlossen, die Pressen unter keiner Ausgeburt meines Gehirns "erstöhnen zu lassen". Du und meine Mutter und die anderen (denn es ist etwas Prachtvolles, daß man die Leute nicht auf ihre Art existieren lassen will) habt meine Art zu leben sehr getadelt. Warte ein wenig, bis ich zurück bin, und Du wirst sehen, ob ich sie wieder aufnehmen will. Ich krieche in mein Loch, und mag die Welt einstürzen, ich werde mich nicht herausrühren. Das Handeln (wenn es nicht rasend ist) wird mir immer unsympathischer. Eben habe ich, ohne sie anzusehen, mehrere Seidenschärpen zurückgeschickt, die man mir zur Auswahl brachte; und doch brauchte ich nur die Augen heben und mich entscheiden. Diese Arbeit hat mich im voraus so übermannt, daß ich die Händler fortgeschickt habe, ohne ihnen etwas abzunehmen. Wäre ich Sultan gewesen, ich hätte sie zum Fenster hinausgeworfen. Ich fühlte mich voller Übelwollen gegen die Leute, die mich zu irgendwelcher Aktivität zwangen. Kehren wir zu unsern Flaschen zurück, wie der alte Michel sagt.

Wenn Du glaubst, Du kannst mich lange mit Deiner Langenweile langweilen, täuschst Du Dich; ich habe das Gewicht größerer geteilt; nichts in dieser Art kann mir noch Angst machen. Wenn das Zimmer des Krankenhauses die ganze Langeweile berichten könnte, die zwei Leute zwölf Jahre lang an seinem Feuer haben kochen lassen, ich glaube, das Gebäude würde über den Bürgern, die es füllen, zusammenbrechen. Dieser arme Kerl Alfred! es ist erstaunlich, wie ich daran denke, und wie mir all die nicht geweinten Tränen um seinetwillen im Herzen bleiben. Haben wir zusammen geplaudert! Wir sahen uns in die Augen, wir flogen hoch.

Nimm Dich in acht, man amüsiert sich an der Langenweile, es ist eine schiefe Ebene. Was hast Du? Wie ich da sein möchte, um Dich auf die Stirn zu küssen und Dir tüchtige Fußtritte in den Hintern zu versetzen. Was Du jetzt erfährst, das ist das Ergebnis der langen Mühen, die Du um Meloenis durchgemacht hast. Meinst Du, der Kopf eines Dichters sei wie eine Baumwollenspinnmaschine, und es fließe immer ohne Ermattung und Pause daraus hervor? Höre, Kleiner. Schreie allein in Deinem Zimmer. Sieh Dich in dem Spiegel und binde Dir das Haar auf. Quält Dich der soziale Zustand des Momentes? Das ist für die Bürger gut, die es im Kontor beunruhigt: auch ich fühle momentelang Jünglingsängste. "November" kommt mir wieder in den Kopf. Rühre ich an eine Renaissance, oder wäre es der Verfall, der an die Blüte erinnert? Trotzdem habe ich mich (nicht ohne Mühe) von dem furchtbaren Schlag erholt, den mir der heilige Antonius versetzt hat. Ich rühme mich nicht, daß ich nicht noch ein wenig betäubt davon bin, aber ich bin nicht mehr krank, wie ich es während der vier ersten Monate meiner Reise gewesen bin. Ich sah alles durch den Schleier von Öde hindurch, mit dem mich diese Enttäuschung erfüllt hatte, und ich sagte mir immerfort das törichte Wort, das Du mir schickst: "Wozu?"

Trotzdem geht in mir ein Fortschritt (?) vor. (Vielleicht wäre es Dir lieber, wenn ich von der Reise plauderte, von der freien Luft, von Horizonten, von blauem Himmel?) Ich fühle, wie ich von Tag zu Tag empfindlicher und beweglicher werde. Ein Nichts treibt mir die Träne ins Auge. Unbedeutende Dinge fassen mich im Tiefsten. Ich versinke in endlose Träumerein und Zerstreuungen. Mir ist immer ein wenig, als hätte ich zu viel getrunken; dazu werde ich immer untauglicher und untüchtiger, zu verstehen, was man mir auseinandersetzt. Dann große literarische Rasereien. Ich verspreche mir Schlemmereien nach der Heimkehr. So.

Du tust gut daran, an das Lexikon der anerkannten Ideen zu denken. Dieses Buch – vollendet gemacht, eingeleitet durch eine Vorrede, in der man darlegte, wie das Werk in der Absicht gemacht ist, das Publikum an die Tradition, die Ordnung und die allgemeine Konvention zu fesseln, und so angeordnet, daß der Leser nicht weiß, ob man sich über ihn lustig macht oder nicht, das wäre vielleicht ein sonderbares und des Erfolges fähiges Werk, denn es wäre ganz aktuell.

Wenn es nicht 1852 bei Gelegenheit der Präsidentenwahl einen ungeheuren Zusammenbruch gibt, wenn die Bürger endlich triumphieren, so ist es möglich, daß wir noch auf ein Jahrhundert feststehn; dann wird der Geist des Publikums, der Politik müde, vielleicht literarische Zerstreuungen wollen. Die Reaktion des Handelns läge im Traum, das wäre unser Tag! Wenn wir dagegen in die Zukunft gewirbelt werden, wer kennt die Poesie, die sich daraus erheben muß? Es wird eine kommen, Du, laß uns nicht weinen, laß uns nichts verfluchen, alles annehmen, weitherzig sein. Eben hat man mir eine Tatsache gesagt, die mich beängstigt: "Die Engländer stehn im Begriff, den Plan zu einer Eisenbahn zu entwerfen, die von Calais nach Calcutta gehn soll." Sie soll den Balkan, den Taurus, Persien, den Himalaya durchschneiden. Ah! wären wir zu alt, um uns nicht ewig nach dem Geräusch der Räder des Hektorwagens zurückzusehnen?

Ich habe in Jerusalem ein sozialistisches Buch gelesen (Versuch einer positiven Philosophie, von Aug. Comte), es war mir von einem verbissenen Katholiken geliehen, der es mir mit aller Gewalt zu lesen geben wollte, damit ich sähe, wie ... etc. Ich habe ein paar Seiten durchgeblättert: es ist tödlich dumm, ich hatte mich übrigens nicht getäuscht. Es liegen Minen ungeheurer Komik darin, Kalifornien des Grotesken. Vielleicht auch noch anderes. Das kann sein. Eins der ersten Studien, denen ich mich nach meiner Rückkehr widmen werde, wird sicherlich das dieser beklagenswerten Utopien sein, die unsere Gesellschaft bewegen und sie mit Ruinen zu bedecken drohen. Warum sich nicht mit dem Tatsächlichen abfinden, das uns vorliegt? es ist so gut wie ein anderes; wenn man die Dinge unparteiisch nimmt, so hat es wenig gegeben, was fruchtbarer gewesen ist. Die Albernheit besteht darin, daß man zu einem Schluß kommen will. Wir sagen uns: Aber unsere Basis ist nicht fest; wer von beiden wird recht behalten? Ich sehe eine Vergangenheit in Trümmern und eine Zukunft im Keim; die eine ist zu alt, die andere ist zu jung. Alles ist in Verwirrung. Aber das heißt, die Dämmerung nicht verstehen, das heißt, nur Mittag oder Mitternacht wollen. Was geht uns die Miene an, die das Morgen tragen wird? wir sehn die, die das Heute trägt. Sie schneidet verhenkerte Grimassen, und dadurch paßt sie nur besser zur Romantik.

Wo ist der Bürger gigantischer gewesen als jetzt? was ist daneben der Molieres? M. Jourdain kommt dem ersten besten Kaufmann, dem Du auf der Straße begegnest, längst nicht gleich! und die neidische Fratze des Proletariers? und der junge Mann, der sein Glück macht? und der Beamte und alles, was im Hirn der Dummen gärt, und alles, was im Herzen der Lumpen kocht!

Ja, die Dummheit besteht darin, daß man zum Schluß kommen will. Wir sind ein Faden, und wir wollen das Gewebe kennen. Das kommt auf die ewigen Diskussionen über die Dekadenz der Kunst heraus. Jetzt sagt man sich in einem fort: Wir sind vollständig am Ende, wir sind zum letzten Grenzstein gekommen etc. etc. Welcher ein wenig starke Geist, von Homer angefangen, wäre zu einem Schluß gekommen? Begnügen wir uns mit dem Bild, das ist ebensogut.

Und dann, Du armer alter Kerl, bleibt nicht die Sonne (selbst die Sonne von Rouen), der Duft gemähten Heus, bleiben nicht die Schultern der Frauen von dreißig Jahren, der alte Schmöker am Kamin und das chinesische Porzellan? Wenn alles tot ist, wird die Phantasie die Welt aus den Markfäden des Holunders und aus den Scherben von Nachtgeschirr neu aufbauen.

Ich bin sehr neugierig, es zu sehen, dieses tüchtige chinesische Märchen; diese Reise wird mich über die Traurigkeit der Rückkehr trösten. Ich kann Dir etwas Ermutigendes sagen, was das Verdienst hat, daß es aufrichtig ist, nämlich: in der Natur kannst Du kühn vorgehn. Alles, was ich hier sehe, finde ich wieder. (Nur von den Städten, den Menschen, den Gebräuchen, Kostümen, Geräten, kurz, den Dingen des Menschlichen, kannte ich nicht das genaue Detail.) Ich hatte mich nicht getäuscht. Die armen Teufel, die Enttäuschungen erfahren! Es gibt hier Landschaften, durch die ich schon gekommen bin, das ist sicher. Behalte also dies als Deine Richtschnur, es ist das Resultat einer sorgfältig gemachten Erfahrung, die sich seit sechs Monaten bestätigt: wir sind in der Kunst zu vorgeschritten, um uns noch über die Natur zu täuschen. Also marsch!

Du fragst mich, warum Du Deiner Dulcinea treu bist? Die Erklärung ist leicht: weil Du es den anderen nicht warst? Aber weshalb dieser mehr als den anderen? Weil diese um die Zeit gekommen ist, wo Du es sein mußtest. Die Liebe ist ein Bedürfnis; ob man sie nun in ein goldenes Gefäß ausströmt oder auf eine Tonschüssel, sie muß heraus. Der Zufall allein verschafft uns Rezipienten. Gott! die schönen Frauen, die in Nazareth waren! Weiber am Brunnen, mit Krügen auf dem Kopf. In ihrem um die Hüften von einem Gürtel gehaltenen Gewand haben sie biblische Bewegungen. Das geht wie eine Königin. Der Wind hebt den Saum ihres farbigen, breitgestreiften Kleides. Der Kopf ist von einem Reif aus Gold oder Silberpiastern umgeben. Es ist ganz Profil und zieht wie Schatten an einem vorbei. Mitten am Tage, um die heißeste Stunde, wenn das Licht senkrecht fällt, wenn wir wortlos auf unsern magern und festen Pferden hinziehn, und wenn die müden Maultiere ihr vom Durst weißes

Zahnfleisch in den Wind halten, dann sieht man die Eidechsen aus dem hohlen Stamm der Oliven hervorkommen und auf den Opuntienhecken das kluge Chamäleon, das seine runden Augen rollt, die Pfoten heben und einhergehn.

Vor zwei oder drei Tagen haben wir uns das Spital für Aussätzige angesehen. Es liegt außerhalb der Stadt, in der Nähe eines Sumpfes, aus dem bei unserm Nahen Raben und Bartgeier aufflogen. Da leben sie, die armen Unglücklichen, Männer und Frauen, alle zusammen (vielleicht ein Dutzend). Da gibt es keine Schleier mehr, um das Gesicht zu verbergen, keine Unterschiede des Geschlechtes. Sie tragen die Zeichen eitriger Krusten, Löcher an Stelle der Nasen, und ich habe mir den Kneifer aufgesetzt, um an einem von ihnen zu erkennen, ob es grünliche Lumpen waren, oder seine Hände, was ihm am Ende der Arme hing. Es waren seine Hände. (O, ihr Koloristen, wo seid ihr nur?) Er hatte sich zum Trinken an den Brunnen geschleppt. Sein Mund, dessen Lippen wie von einem Brand weggefressen waren, ließ hinten seinen Schlund sehen. Er röchelte, indem er seine Fetzen leichenfarbenen Fleisches gegen uns ausstreckte. Und die ruhige Natur ringsum! fließendes Wasser, grüne Bäume, die vor Saft und Jugend bebten, frischer Schatten unter heißer Sonne. Dann zwei oder drei Hennen, die in der Art Hof, wo sie sind, am Boden pickten. Die Gehege waren in gutem Stande; sogar ihre Wohnung ist sehr sauber.

Nahezu im selben Viertel liegt der christliche Friedhof, ungefähr an der Stelle, wo man sagt, daß Paulus durch die Erscheinung des Engels vom Pferde geworfen wurde. Man stinkt dort gewaltig, es riecht nach seiner Frucht. In einem Trümmergewölbe haben wir, indem wir uns durch die Öffnung bückten, mehrere Menschenreste gesehen, Skelette, Köpfe, Brustkörbe, einen vertrockneten Toten, der unter den Fetzen seines Leichentuches ganz starr geworden war, langes, blondes Haar, dessen Goldton gegen den grauen Staub abstach, und, was wir ziemlich schnurrig gefunden haben, einen weißen Wauwau, der ohne Zweifel dahingekommen war, um sich ein Fest zu machen, und der nicht mehr hatte herauskönnen und dort krepiert ist. Was für eine Farce!

Adieu, armer alter Kerl. Der junge Ducamp wird sehr sozialistisch. Die Zukunft Frankreichs beunruhigt ihn, und er läßt sich in der Diskussion fortreißen.

****

An seine Mutter.

Rhodos, d. 7. Oktober 1850.

Wir haben Syrien Adieu gesagt, dem armen Syrien! Jetzt werden wir ins klassische Altertum eindringen; wir wollen Milet, Halikarnaß, Sardes, Ephesus, Magnesia, Smyrna, Pergamon, Troja und Konstantinopel sehen. In einigen Tagen werden wir Rhodos zu Maultier durchzogen haben; wir steigen wieder in die Stiefel und machen uns fort. Um freier zu sein, haben wir unser Gepäck nach Smyrna spediert und behalten nur unsere Decken, unsere Betten und unsere Nachtsäcke bei uns.

Auf der Fahrt von Beyruth hierher haben wir schöne Bilder an Bord gesehen. Das Schiff war voller Türken, die von Syrien nach der Türkei gingen. Die ganze Backbordseite des Bootes war vom Harem in Anspruch genommen, von weißen und schwarzen Frauen, Kindern, Katzen, Geschirr – all das wälzte sich durcheinander auf Matratzen, brüllte, weinte, schrie und sang. Als Lokalfarbe war es gelungen. Zwei gelbgekleidete Negerinnen in roten Jacken waren an Bord, und sie standen in Posen am Bordrand, die Veronese hätten Freudentränen entlocken können. Eine alte, riesige Griechin stand im Profil und zeigte einen der entzückendsten antiken Köpfe, die man auf der reinsten syrakusanischen Münze finden kann. Bei ihr war eine junge Frau, ihre Tochter, die ein wenig gepflegt war. Die Kinder der türkischen Frauen hatten bis zur Mitte der Nase gemalte Augenbrauen, und an den Füßen trugen sie kleine Goldringe mit Glöckchen. Die Männer waren getrennt untergebracht, bedeckt mit ihren Schafsfellmänteln, und sie erwiesen Seiner Exzellenz Artim Bey viel Höflichkeiten, der mit uns über Zeitungen und Oper plauderte. Wir haben auf Deck geschlafen und die Sterne angesehen, die über unserm Kopf durch die Risse des schwarzen Gazeschleiers zogen, der aus dem Schornstein wirbelte.

Am zweiten Tage haben wir fünf oder sechs Stunden vor Cypern gehalten. Wir sind wegen der Quarantäne nicht ausgestiegen. Das ist eine der albernsten Erfindungen, die der Mensch je gesehen hat. Larnaka lag vor uns. Wir sahen in der Ferne den Olymp. Soll es immer so sein? Werde ich ihn immer nur von ferne sehen? Aber Stephany wird uns auf den Parnaß führen. Weißt Du, wie man hinaufsteigt? auf Maultieren, nicht einmal auf Pferden. Nur, was lange Ohren trägt, ist imstande, ihn zu erklettern. Welche guten Scherze hätte man vor zweihundert Jahren, zur Zeit der Epigramme, darüber gemacht! Zum Unglück werden wir nicht nach Kreta gehen, die Zeit drängt, wir beeilen uns, nach Konstantinopel zu kommen, wo die schlimme Jahreszeit sich bald fühlbar machen wird. Seit wir auf Rhodos sind, haben wir Wolken, etwas für uns fast Neues. Allmählich nähern wir uns Europa. Das Lazarett, in dem wir jetzt sind, liegt auf der Spitze einer kleinen Felsenhalbinsel. Wir wohnen in einer Hütte zu ebener Erde, auf allen Seiten vom Meer umgeben. Vor uns haben wir fast zum Greifen nahe die Küste von Kleinasien und hinter uns die Stadt Rhodos.

In Baalbek sind wir drei Tage geblieben. Neben den Ruinen liegt ein Zigeunerlager. (Entsinnst Du Dich derer, denen wir eines Tages begegnet sind, als wir von Nimes zum Pont du Gard gingen?) Eine Frau wiegte ein Kind in einer Hängematte, die in einem Baum hing. Daneben saß ein dicker Affe am Boden. Aus den Ruinen der antiken Tempel hat man im Mittelalter eine Festung erbaut, die jetzt auch Ruine ist und die anderen Ruinen umschließt. Die Bäche des Antilibanon haben sich mitten durch das entvölkerte Dorf Bahn gebrochen, die Lavendel und Pfeffermünzgesträuche wachsen zwischen den Mauern, ein Bach fließt durch die Tür eines Hauses, von dem nur die Tür noch steht. Was den Tempel von Baalbek angeht, so hätte ich nicht geglaubt, daß man in eine Säulenreihe verliebt sein kann; es ist aber wahr. Ich muß hinzufügen, daß diese Säulenreihe wegen der Farbe der Steine und der Sonne wie aus ziseliertem Goldsilber aussieht; von Zeit zu Zeit zieht ein großer Vogel vorüber, der seine schweigenden Flügel durch die blaue Luft schlägt, der Schatten seines ovalen Körpers zeichnet sich einen Moment auf den Steinen ab und gleitet darüber hin, dann nichts mehr, Wind und Stille. Hier und dort flattern wie Daunen ein paar Baumwollenflocken, die von den großen Disteln in den Ruinen abgerissen sind.

Acht Tage sind wir in Eiden, mitten im Libanon, bei den Lazaristen geblieben. Die Zedern entsprechen ihrem Ruhm nicht, sie fallen vor Alter zusammen und sind wenig zahlreich, aber der Libanon wird nicht genug gerühmt. Er ist ebenso schön wie die Pyrenäen und liegt unter orientalischem Himmel. Der Obere der Lazaristen, bei denen wir waren, ist ein Mann, mit dem wir viel geplaudert haben, und er gehört zu den reizendsten, die ich je getroffen habe. Er ist Spanier, von sehr stolzem Ausdruck und ein echter Edelmann.

Die Frauen des Libanon tragen silberne Schalen auf dem Kopf; manche setzen sich Mützen von anderthalb Fuß Länge auf. Im Libanon gibt es noch Leute, die wie zu den Zeiten der Propheten die Zedern anbeten. Das Sammelsurium aller Religionen in Syrien ist etwas Unerhörtes. Da war ich in meinem Zentrum. Da könnte man jahrhundertelang arbeiten. Maxime hat die Photographie in Beyruth aufgegeben. Er hat sie einem frenetischen Amateur abgetreten. Für die Apparate haben wir genug bekommen, um für uns beide je einen Diwan zu machen, wie die Könige keinen haben; zehn Fuß mit Gold bestickter Wolle und Seide! Ich glaube, es wird schick sein! Adieu, liebe, angebetete alte Mutter, empfange auf Deinen armen hohlen Wangen alle Küsse Deines Gustav.

****

An Parain.

Aus der Quarantäne von Rhodos. Sonntag, d. 6. Oktober 1850.

Du tust sehr unrecht daran, mein alter Kerl, mir nicht öfter zu schreiben, denn ich versichere Dich, Deine Briefe sind für mich wahre Vergnügungspartien. Der letzte hat mich tüchtig lachen gemacht, und was Du mir über all Deine Bekannten sagst, hat mich nicht wenig amüsiert. Darüber hätte man lange vor dem Feuer zu reden, die Nase unterm Kaminsims und die Füße in den Pantoffeln. Und das verspreche ich mir bei meiner Heimkehr auch zu tun. Was für eine Bombenohrfeige wir uns geben werden! Man wird eine Feder dahintersetzen müssen.

Es scheint, der junge Bouilhet gibt sich in meiner Abwesenheit ein wenig der Immoralität hin. Du siehst ihn zu oft. Diesen jungen Mann demoralisierst Du. Wenn ich seine Mutter wäre, würde ich ihm Deine Gesellschaft verbieten. Es gibt für die Jugend nichts Schlimmeres als den Verkehr mit greisen Wüstlingen. Nichtsdestoweniger fahrt fort, meine guten Alten, und trinkt auch weiterhin das kleine Gläschen auf meine Gesundheit, wenn Ihr zusammen seid. Berauscht Euch auch zu meiner Ehre. Ich entschuldige Euch im voraus. Was das Hospital angeht, so sagt man, die Sache geht mit der neuen Wirtschaft nicht besonders. Darin liegt nichts, was mich erstaunt. Welches Glück wird es für mich sein, jenen jungen Mann mit eigenen Augen eingerichtet und als Familienvater zu sehen! Das Haus wird also nicht untergehen, ein Sprößling wird im Kontor erblühen. Die Wolle wird sich freuen, und die Bücher werden einen Herrn haben. Hast Du zuweilen über die ganze Heiterkeit der Dummköpfe nachgedacht, lieber alter Kamerad! Der Stumpfsinn ist etwas Unerschütterliches, nichts greift ihn an, ohne an ihm zu zerbrechen. Er ist von der Natur des Granits, hart und haltbar. In Alexandria hat ein gewisser Thompson aus Sunderland seinen Namen in sechs Fuß hohen Lettern auf die Pompejussäule geschrieben. Das läßt sich auf eine Viertelmeile Entfernung lesen. Es ist unmöglich, die Säule zu sehen, ohne den Namen Thompson zu sehen und ohne also an Thompson zu denken. Dieser Kretin hat sich dem Monument einverleibt und verewigt es mit sich. Was sage ich? Er zermalmt es durch die Pracht seiner riesenhaften Lettern. Ist es nicht stark, wenn man die zukünftigen Reisenden zwingt, an einen zu denken und sich seiner zu erinnern? Alle Dummköpfe sind mehr oder minder Thompsons aus Sunderland. Wieviele von ihnen trifft man im Leben nicht an seinen schönsten Stellen und in seinen reinsten Winkeln? Und dann überragen sie einen immer; sie sind so zahlreich, sie sind so glücklich, sie kommen so oft wieder, sie haben eine so vortreffliche Gesundheit! Auf der Reise trifft man ihrer viele, und schon tragen wir in unserer Erinnerung eine schöne Sammlung von ihnen herum, aber da sie rasch vorübergehn, amüsieren sie. Das ist nicht wie im gewöhnlichen Leben, wo sie einen schließlich wild machen.

Wir sind von Beyruth aus auf dem österreichischen Dampfboot mit Hartim Bey, dem Ex-Minister Abbas Paschas hierher gekommen. Das ist eine von unsern alten Bekanntschaften aus Ägypten, die wir letzten Sonntag auf dem Diner des Generalkonsuls erneuert haben. Er ist beizeiten aus Alexandria geflohen; man kam, um ihn von seiten des Paschas, der ihm vermutlich eine verhängnisvolle Tasse Kaffee zu trinken geben wollte, mit Gewalt zu fassen. Er hat sich an Bord des französischen Postdampfers nach Beyruth geflüchtet und geht von Beyruth nach Konstantinopel, wo er seinen Herrn denunzieren und ihn in die Luft springen zu lassen versuchen will, was möglich ist. Während der drei Tage, die wir zusammen an Bord verbracht haben, haben wir viel geplaudert, oder vielmehr, er hat uns erzählt, da er Männer der Feder in uns witterte, und wir ihm in der Folge nützlich sein könnten, und dann vielleicht auch, weil wir sehr nette Leute sind. Nichts wird im Orient mehr geachtet als der Mann, der die Feder handhabt. Effendi (jemand, der lesen kann) ist ein Ehrentitel. Maxime verfaßt in diesem Moment eine Notiz darüber für Paris; es ist eine ziemlich schwerwiegende politische Notiz. Ich selber werde träge wie ein Pfaff. Ich tauge nur zu Pferde und im Boot. Jede Arbeit bringt mich jetzt um; darin werde ich sehr orientalisch; es bleibt zu hoffen, daß ich mich bei der Rückkehr ändere. Bei dem Wort Pfaff fällt mir ein, da mir das Wort einmal in den Schnabel (meiner Feder) gekommen ist, so habe ich in Syrien und Palästina verteufelt viele gesehen. Wir haben Kapuziner, Karmeliter und so weiter gesehen. Wir haben jene berühmte Frage der Drusen und Maroniten, um die man in Frankreich so viel Lärm gemacht hat, und die wohl einer der größten Schwindel der Welt ist, ganz aus der Nähe studiert.

Als wir aus Beyruth fortgingen, war uns das Herz voll. Wir haben dort zwei Monate lang ein schönes Vagabundenleben geführt.

Ich muß Dir sagen, daß wir keine Socken mehr in den Stiefeln tragen. Wir haben erkannt, daß es eine Ersparnis an Wäsche ist und daß es uns so an den Füßen frischer ist. Aber die Jahreszeit wird kälter. Wir schlafen noch unter freiem Himmel, aber in Tuchkleidern. Seit letztem Januar haben wir keinen Tropfen Regen mehr gehabt, aber wir werden in Konstantinopel welchen haben.

Heute vor vierzehn Tagen habe ich Dich recht herbeigesehnt; es war in Eiden, mitten im Libanon, drei Stunden von den Zedern entfernt. Wir aßen beim Scheik des Ortes. Um in den Saal zu kommen, wo wir empfangen würden, mußten wir durch ein Gedränge (das Wort ist buchstäblich zu nehmen) von vierzig bis fünfzig Dienern hindurch. Sobald wir auf den Diwanen saßen, parfümierte man uns mit Weihrauch, worauf man uns mit Orangenblütenwasser besprengte. Ein Diener, der ein langes Tuch mit Fransen trug, folgte, um uns die Hände abzutrocknen. Der Herr des Hauses, ein junger Mann von etwa vierundzwanzig Jahren, trug auf den Schultern einen goldgestickten Mantel, und rund um den Kopf einen Turban aus roter Seide mit kleinen Goldsternen, die dicht beieinander standen. Um so vielen Ehre zu erweisen, habe ich so gegessen, daß es, wenn ich abends keine Magenschmerzen hatte, nur daran lag, daß ich einen tüchtigen Magen habe. Übrigens ist es eine große Unhöflichkeit gegen solche Leute, wenn man ablehnt. In Kosseïr am Roten Meer ist Maxime bei einer ähnlichen Gelegenheit beinahe vor überfülltem Magen geplatzt.

Adieu, mein guter, alter Vater Parain, treib nicht zu viel Bubenstreiche mit Bouilhet. Schreib mir oft und empfange von meiner Seite die beste Umarmung, die je ein Neffe seinem Onkel oder ein Freund seinem Freunde gegeben hat. Der Deine von Herzensgrund.

****

An seine Mutter.

Konstantinopel, d. 14. November 1850.

Es gibt viele Dinge in der Welt, die Du in Deiner Treuherzigkeit nicht kennst, arme alte Mutter. Ich, der ich ein sehr großer Moralist werde, und der ich mich übrigens bis über die Ohren in diese Art von Studien hineingestürzt habe, ich habe nicht wenig Gardinenecken aufgehoben, die zahllose Schmählichkeiten verbargen. Man lehrt die Frauen auf infame Weise lügen. Die Lehrzeit dauert ihr ganzes Leben hindurch; von der ersten Zofe an, die man ihnen gibt, bis zum letzten Liebhaber, der zu ihnen kommt, müht sich jeder ab, sie zu Kanaillen zu machen, und nachher schreit man wider sie: der Puritanismus, die Ziererei, die Bigotterie, das System der Abgeschlossenheit, der Enge hat die entzückendsten Schöpfungen des guten Gottes unnatürlich gemacht und richtet sie in ihrer Blüte zugrunde. Ich fürchte mich vor dem moralischen Korsett, das ist alles. Die ersten Eindrücke verlöschen nicht, das weißt Du. Wir tragen unsere Vergangenheit mit uns herum; unser ganzes Leben lang spüren wir die Amme. Wenn ich mich analysiere, finde ich nur die Stelle des Vaters

Langlois, die des Vaters Mignot, die Don Quijotes und meiner Kinderträumereien im Garten neben dem Fenster des Amphitheaters noch frisch und mit all ihren Eindrücken vor (modifiziert freilich durch die Kombinationen ihrer Begegnung). Ich fasse zusammen: nimm irgend jemanden, um sie das Englische und die ersten allgemeinen Elemente zu lehren. Bekümmere Dich um all das, so viel Du nur kannst, selber, und überwache den Charakter und den gesunden Verstand (ich gebe dem Wort die weiteste Bedeutung) der Person.

Ich sprach Dir eben von moralischer Beobachtung. Ich hätte nie geahnt, wie sehr auf Reisen diese Seite vorwiegt. Man reibt sich da an so viel verschiedenen Menschen, daß man die Welt (dadurch, daß man sie durcheilt) schließlich ein wenig kennen lernt. Die Erde ist mit prachtvollen Gesichtern bedeckt. Die Reise hat ungeheure und unausgebeutete Minen der Komik. Ich weiß nicht, warum noch niemand diese Bemerkung gemacht hat, die mir so natürlich erscheint. Und dann knöpft man sich so schnell auf, man macht einem seltsam vertrauliche Mitteilungen! Jemand reist seit einem Jahr und findet niemanden, mit dem er reden kann; er begegnet einem eines Abends in einem Hotel oder unter einem Zelt; erst redet man Politik, dann plaudert man von Paris, dann steigt der Kork ganz langsam heraus, der Wein strömt über, und in zwei Stunden trinkt man den Rest bis zum Boden, oder beinahe, aus. Am andern Tage trennt man sich, und seinen intimen Freund vom Abend vorher sieht man niemals wieder; dabei gibt es sogar bisweilen merkwürdige Melancholien.

Wir haben den alten Serail und die Moscheen besucht. Der Serail bedeutet nicht viel. Es sind wundervolle Gemächer auf dem vielleicht schönsten Aussichtspunkt der Welt, aber geschmückt und möbliert sind sie in beklagenswertem Geschmack. Alles alte Zeug, das man in Europa nicht mehr will, gibt man den Türken, die mit der Naivität des Barbaren darauf hereinfallen. Abgesehn vom Thronsaal – da heißt das Wort wunderbar – ist der ganze Rest kleine Musik.

Ich habe die Heulderwische gesehen. Ich war durch alles, was ich schon in Kairo gesehen hatte, sehr darauf vorbereitet und bin daher auch keineswegs verwundert gewesen. Nächsten Donnerstag gehn wir noch einmal hin. Da werden hübsche Dinge vorgehn; man wird sich einen Haufen von Folterinstrumenten, die wir an den Wänden haben hängen sehen, in den Leib bohren. Aber ich finde, die Drehmönche rühmt man nicht genug. Nichts ist anmutiger, als all diese Männer mit ihren gefältelten, weiten Röcken und den zum Himmel erhobenen ekstatischen Gesichtern walzen zu sehen. Sie drehen sich etwa eine Stunde lang, ohne aufzuhören. Einer von ihnen hat uns versichert, wenn man nicht die Arme überm Kopf halten müßte, wäre er im stande, sich sechs Stunden nacheinander zu drehen. Der besucht uns von Zeit zu Zeit. Wir geben ihm eine Flasche Branntwein, die er für einen Muselmann recht brav trinkt.

****

An Louis Bouilhet.

Konstantinopel, d. 14. November 1850.

Wenn ich Dir alles schreiben könnte, was ich mir bei Gelegenheit meiner Reise überlege, das heißt, wenn ich, sobald ich zur Feder greife, die Dinge wiederfände, die mir im Kopf herumgehn, und bei denen ich zu mir sage, das will ich ihm schreiben, dann bekämst Du vielleicht wirklich amüsante Briefe. Aber das geht weg, sowie ich meine Briefmappe aufmache. Einerlei, die Gabel faßt, was gerade vor sie kommt.

Zunächst werde ich Dir von Konstantinopel, wo ich gestern angekommen bin, heute nichts sagen, als daß mir dieser Gedanke Fouriers eingegangen ist: es werde später die Hauptstadt der Welt werden. Als Menschlichkeit ist es wirklich ungeheuer. Jenes Gefühl des Zermalmtwerdens, das Du bei Deinem Einzug in Paris empfunden hast, durchdringt einen hier, wenn man so viele unbekannte Menschen streift, vom Perser und Indier bis zum Amerikaner und Engländer, so viele getrennte Individualitäten, deren furchtbare Summe die eigene totschlägt. Und dann ist es unermeßlich. Man ist in den Straßen verloren, man sieht weder Anfang noch Ende. Die Friedhöfe sind Wälder mitten in der Stadt. Oben vom Turm von Galata aus sieht man alle Häuser und alle Moscheen (neben und zwischen dem Bosporus und dem Goldenen Horn, die voller Fahrzeuge sind), die Häuser lassen sich auch mit Schiffen vergleichen; was eine reglose Flotte ausmacht, in der die Minaretts die Masten der Kriegsschiffe wären (eine ein wenig gewundene Phrase, lassen wir das).

Morgen werde ich Deinen Namen Loue Bouilhette (türkische Aussprache) in Goldlettern auf blaues Papier schreiben lassen. Es ist ein Geschenk, das ich zum Schmuck Deines Zimmers bestimme. Das wird Dich, wenn Du es ganz allein betrachtest, daran erinnern, daß ich Dich viel in meine Reise hineingezogen habe. Als wir von den "Malinen" (Schreibern) kamen, wo wir das Papier, die Verzierung und den Preis besagten Blattes beredet hatten, sind wir die Tauben der Moschee von Bajasid füttern gegangen. Sie leben zu Hunderten im Hof der Moschee. Es ist ein frommes Werk, ihnen Korn vorzuwerfen. Wenn man kommt, fliegen sie von allen Seiten der Moschee, aus den Simsen, von den Dächern, aus den Säulenkapitälen auf die Fliesen nieder. Auch der

Hafen hat seine Haustiere. Mitten unter den Schiffen und Kaiks sieht man Seeraben fliegen oder sich auf den Wellen ausruhn. Auf den Dächern der Häuser stehn Storchennester, die Winters verlassen sind. Auf den Friedhöfen grasen ruhig Ziegen und Esel, und nachts geben dort die türkischen Frauen den Soldaten Rendezvous.

Der Kirchhof gehört zu den schönen Dingen des Orients. Er zeigt nicht jenen aufs tiefste angreifenden Charakter, den ich bei uns an derartigen Einrichtungen kenne; keine Mauer, keinen Graben, keinerlei Abtrennung noch Einschließung. Man findet ihn ganz unvermittelt irgendwo auf dem Lande oder in einer Stadt, plötzlich und überall, wie den Tod selber, neben dem Leben und ohne daß man darauf achtet. Man geht über einen Friedhof, wie man durch einen Bazar geht. Alle Gräber sind gleich, sie unterscheiden sich nur durch ihr Alter. Nur in dem Maße, wie sie alt werden, versinken und verschwinden sie, wie es auch die Erinnerung tut, die einem von den Toten bleibt. Die an solchen Orten gepflanzten Zypressen sind riesenhaft. Das gibt dem Landschaftsbild ein grünes Licht voller Ruhe. Bei Gelegenheit der Landschaft – in Konstantinopel kann man in Wahrheit sagen: Eine Landschaft! ah! welches Bild!

Wie stehst Du zu der Muse? ich hatte erwartet, einen Brief von Dir vorzufinden, und darin etwas in Versen. Was wird aus China? was liest Du? Welche Lust ich habe, Dich zu sehen! Was mich angeht, so weiß ich, literarisch gesprochen, nicht, woran ich bin. Ich fühle mich bisweilen vernichtet (das Wort ist schwach), und zu anderen Malen kreist und zieht der "verklärte" Stil (im Zustand des Glanzes und des unwägbaren Flüssigen) mit berauschender Wärme in mir herum. Dann legt sich das wieder. Ich grüble sehr wenig, ich träume gelegentlich. Meine Beobachtung ist hauptsächlich moralisch. Ich hätte mir diese Seite der Reise nie gedacht. Die psychologische, menschliche, komische Seite ist überreichlich vorhanden. Man trifft prachtvolle Gesichter, kolumbinrote, fürs Auge stark schillernde Existenzen, mannigfaltig wie Lumpen und Stickereien, reich an Schmutzigkeiten, Rissen und Tressen. Und auf dem Grunde stets jene alte unveränderliche und unerschütterliche Kanaillerie. Das ist die Basis. Ah! wie einem das vor den Augen vorbeizieht.

Von Zeit zu Zeit schlage ich in den Städten eine Zeitung auf. Mir scheint, wir kommen hübsch voran. Wir tanzen nicht auf einem Vulkan, sondern auf dem Brett einer Latrine, das mir ziemlich morsch scheint. Der Gedanke, die Frage zu studieren, beschäftigt mich. Ich habe Lust, mich bei meiner Heimkehr unter die Sozialisten zu versenken und unter theatralischer Form etwas sehr Brutales, sehr Komisches und, wohlverstanden, Unparteiisches zu machen. Das

Wort schwebt mir auf der Zunge, und die Farbe habe ich an den Fingerspitzen. Viele im Plan sauberere Vorwürfe haben es nicht so eilig wie dieser.

Bei dem Wort Vorwürfe fällt mir ein, ich habe drei, die vielleicht nur einer sind, und das regt mich beträchtlich auf. 1. Eine Nacht Don Juans: daran habe ich im Lazarett von Rhodos gedacht. 2. Die Geschichte des Anubis, die Frau, die von dem Gott geliebt werden will. Das ist die höchste, aber sie hat schauerliche Schwierigkeiten. 3. Meinen flämischen Roman von dem jungen Mädchen, das in einer kleinen Provinzstadt, hinten in einem mit Kohl und Disteln bepflanzten Garten, auf dem Ufer eines Bachs von der Größe des Wassers von Robec, als Jungfrau und Mystikerin zwischen Vater und Mutter stirbt. Was mich hänselt, das ist die Ideenverwandtschaft unter den drei Plänen: im ersten, die unersättliche Liebe unter den beiden Formen der irdischen und der mystischen Liebe. Im zweiten, dieselbe Geschichte, aber man gibt sich, und die irdische Liebe ist um so weniger erhaben, als sie präziser ist. Im dritten sind beide in einer Person vereinigt, und die eine führt zur andern, nur stirbt meine Heldin vor religiöser Exaltation, nachdem sie die Exaltation der Sinne kennen gelernt hat. Ah! Mir scheint, wenn man die noch ungeborenen Kinder so gut seziert, ist man noch nicht weit genug, um sie zu schaffen. Meine metaphysische Sauberkeit macht mir bange. Ich muß doch davon zurückkommen. Ich habe das Bedürfnis, mir selber mein Maß zu geben. Ich will, um ruhig zu leben, meine Meinung über mich haben, eine feststehende Meinung, die mich in der Verwendung meiner Kräfte bestimmt. Ich muß die Beschaffenheit meines Grundes und Bodens kennen und seine Grenzen, ehe ich mich ans Pflügen mache. Ich erfahre in bezug auf meinen inneren literarischen Zustand, was in unserem Alter alle Welt in bezug aufs soziale Leben erfährt: "Ich fühle das Bedürfnis, mich niederzulassen."

In Smyrna habe ich mir bei einem Regenwetter, das uns am Ausgehen hinderte, Eugene Sues "Arthur" aus der Leihbibliothek geholt. Danach kann man sich übergeben, es gibt keinen Namen dafür. Man muß das lesen, um das Geld, den Erfolg und das Publikum zu bemitleiden. Die Literatur ist brustkrank. Sie spuckt, sie geifert, sie hat Blasen, die sie mit pomadisiertem Tafft bedeckt, und sie hat sich so lange den Kopf gestriegelt, daß sie alle Haare verloren hat. Es täte ein Christus der Kunst not, um diesen Aussätzigen zu heilen.

Aufs Altertum zurückgreifen, das ist schon geschehen, aufs Mittelalter, das ist schon geschehen. Es bleibt die Gegenwart. Aber die Basis zittert, wo also die Fundamente aufstützen? Und doch hat man die Vitalität und demnach die Dauer nur um diesen Preis. All das beunruhigt mich derart, daß ich schon nicht mehr mag, daß man mir davon spricht; ich werde dabei mitunter so gereizt wie ein freigelassener Galeerensträfling, der vom Strafgefängnissystem reden hört, besonders mit Maxime, der nicht mit toter Hand daran geht und nicht gerade ein ermutigender Bursche ist; und ich habe es schwer nötig, ermutigt zu werben. Andererseits hat meine Eitelkeit sich noch nicht damit abgefunden, nur Ermunterungspreise zu erhalten.

Ich will wieder einmal die ganze Ilias lesen. In vierzehn Tagen werden wir eine kleine Reise nach Troja machen. Im Januar werden wir in Griechenland sein. Ich bin wütend, daß ich so unwissend bin. Ah! wenn ich wenigstens Griechisch könnte! und ich habe so viel Zeit darauf verloren! Die Heiterkeit läßt mich im Stich!

Wer auf der Reise die gleiche Achtung vor sich selbst bewahrt, die er in seinem Arbeitszimmer hatte, wo er sich jeden Tag im Spiegel sah, ist ein sehr großer Mann oder ein sehr robuster Dummkopf. Ich weiß nicht weshalb, aber ich werde sehr demütig.

Als wir vor Abydos vorbeikamen, habe ich viel an Byron gedacht. Das ist sein Orient, der türkische Orient, der Orient des krummen Säbels, des albanesischen Kostüms und des vergitterten Fensters, das auf blaue Wogen blickt. Mir ist der versengte Orient des Beduinen und der Wüste lieber, die roten Tiefen Afrikas, das Krokodil, das Kamel, die Giraffe. Ich bedaure, nicht nach Persien zu kommen (das Geld! das Geld!), ich träume Reisen in Asien: zu Lande nach China zu gehen, Unmöglichkeiten, Indien oder Kalifornien, das mich von je in menschlicher Hinsicht reizt. Ober ich werde weich, daß ich weinen könnte, wenn ich an mein Arbeitszimmer in Croisset denke, an unsere Sonntage. Ah! wie ich mich nach meiner Reise zurücksehnen werbe, und wie ich sie immer wieder machen und mir den ewigen Monolog wiederholen werde: "Dummkopf, Du hast nicht genug genossen."

Weshalb hat Balzacs Tod mich so lebhaft berührt? Wenn ein Mensch stirbt, den man bewundert, ist man immer traurig. Man hoffte, ihn später kennen zu lernen, von ihm geliebt zu werden. Ja, er war ein starker Mensch und hatte seine Zeit aus dem Grunde begriffen. Er, der die Frauen so gut studiert hatte, ist gestorben, sobald er geheiratet hatte, und als die Gesellschaft, die er kannte, ihre Auflösung begann. Mit Louis Philippe ist etwas gegangen, was nicht wiederkommen wird. Jetzt tun andere Litaneien not. Weshalb habe ich ein melancholisches Verlangen, nach Ägypten zurückzukehren und den Nil wieder hinaufzusteigen und Ruschuk Hanem wiederzusehen? ... Es ist gleich, ich habe dort einen Abend verbracht, wie man im Leben nur wenige erlebt. Übrigens habe ich es auch gefühlt. Habe ich Dich herbeigesehnt! armer alter Kerl! Mir scheint, ich sage Dir nichts recht Interessantes. Ich will zu Bett gehen, und morgen werde ich Dir ein wenig von meiner Reise erzählen, das wird für Dich interessanter sein, als mein ewiges Ich, dessen ich verteufelt müde bin.

****

An Parain.

D. 24. November 1850.

Bis ich den von meiner Mutter angekündigten Brief erhalte, in dem Du mir eine merkwürdige Anekdote über den jungen Bezet erzählen sollst, antworte ich schnell auf den Brief von Dir, lieber Onkel, den ich mit dem letzten Kurier erhalten habe.

Was soll ich Dir sagen, lieber alter Kamerad? Wenn ich wieder in Croisset bin, wie werden wir all den Kram ordnen, den ich mitbringe! Wollen wir die Wände behängen, eh? Welch Mißbrauch des Bohrers!

Ah! alter Schelm, Vater Parain, wenn Du hier wärst, würdest Du beim Anblick der Frauen in den Straßen die Augen weit aufmachen. Sie lassen sich in einer Art alter Hängekarossen fahren, die außen wie Tabatieren vergoldet sind. Da drinnen liegen sie wie in ihrem Hause auf Diwanen (der Wagen ist bisweilen mit seidenen Gardinen geschlossen), und man kann sie ganz in Muße betrachten. Vor dem Gesicht tragen sie einen durchsichtigen Schleier, durch den man das Rot ihrer bemalten Lippen und den Bogen ihrer schwarzen Augenbrauen sieht. In der Lücke des Schleiers, zwischen Stirn und Backen, sieht man ihre Augen, die brennend blicken, und die starren Pupillen fest auf einen zublitzen. Aus der Ferne gibt ihnen dieser Schleier, den man nicht unterscheidet, eine seltsame Blässe, so daß man, von Staunen und Bewunderung ergriffen, stehen bleibt. Sie sehen aus wie Phantome. Durch die Schleier, die ihnen über die Hände fallen, glänzen ihre Diamantringe, und zu denken, Barmherzigkeit! daß sie in zehn Jahren in Hut und Korsett gehen werden! daß sie ihre Männer nachahmen werden, die sich europäisch kleiden, Stiefel tragen und Rock!

Oft hast Du, wenn Du mit mir im Boot spazieren fuhrst, instinktiv zum Tau gegriffen. Wenn Du im Kaik auf dem Bosporus führst, weiß ich nicht, woran Du Dich anklammern solltest. Stelle Dir Barken von fünfundzwanzig bis fünfunddreißig Fuß Länge auf höchstens zweieinhalb Breite vor, vorn und hinten spitz wie Nadeln. Man kann zwei darin halten. Man kauert sich auf den Boden und muß aus Furcht vor dem Umschlagen völlig reglos sitzen bleiben. Die beiden Ruderer in Seidenhemden haben Ruder, bei denen die Partie zwischen Dolle und Griff eine ungeheure Schwellung zeigt, um als Gegengewicht zu dienen. Wenn man in einem solchen Fahrzeug sitzt, vorausgesetzt, daß das Meer ruhig und die Bootsführer tüchtig sind, so fliegt man übers Wasser hin.

Der Hafen von Konstantinopel ist voller Vögel. Du weißt, die Moslemiten töten sie nie. Scharen von Möven schwimmen zwischen den Schiffen. Die Tauben sitzen auf der Takelage der Schiffe und fliegen von da auf, um sich auf den Minaretts auszuruhen.

Du würdest nicht glauben, mein Alter, wieviel wir an Dich denken und wie sehr wir Dich herbeisehnen, besonders hier. Du wärst imstande und bliebst für den Rest Deines Lebens hier. Wenn Du einmal in den Bazaren wärst, kämst Du nicht wieder heraus. Alle Läden sind offen, man setzt sich daneben, nimmt dem Händler die Pfeife ab und plaudert mit ihm. Man kann zwanzig Tage nacheinander hinkommen, ohne etwas zu kaufen. Wenn ein Händler nicht hat, was Du wünschst, so steht er von seinem Teppich auf und führt Dich zu einem Nachbarn. Aber wenn es sich um den Preis handelt, so muß man – allgemeine Regel – sofort zwei Drittel streichen. Man zankt sich eine Stunde lang, er schwört bei seinem Kopf, bei seinem Bart, bei allen Propheten, und schließlich hat man seine Ware mit 50, 60 oder 75 Prozent Rabatt. Die Perser besonders sind infame Lumpen. Mit ihrer spitzen Mütze und ihrer großen Nase habe sie sehr amüsante Halunkengesichter. Stephany, unser Dragoman, hat eine unglaubliche Persien- und Perserwut; wo er welche trifft, bleibt er stehen, mit ihnen zu plaudern.

****

An seine Mutter.

Konstantinopel, d. 4. Dezember 1850.

Weißt Du, liebe alte Mutter, daß Du mich schließlich maßlos eitel machen würdest, mich, der ich die allmähliche Abnahme jener Eigenheit erlebe, die man mir im allgemeinen nicht versagt. Du machst mir so viel Komplimente über meine Briefe, daß ich glaube, die mütterliche Liebe macht Dich ganz blind.

Ich warte mit Neugier darauf, was Du in betreff Deiner Reise nach Italien beschlossen hast, und ob Du die Kleine mitnehmen wirst. Schreib mir nach Athen. Wir wissen noch nicht genau, wann wir von Konstantinopel aufbrechen werden, aber wahrscheinlich wird es in vierzehn Tagen sein. Wir ruinieren uns in den Städten, unsere ganze Reise in Rhodos und Kleinasien hat uns nichts gekostet als die zwölf in Smyrna verlebten Tage, wo wir noch nicht einmal etwas gekauft haben. Aber das europäische Leben ist unerschwinglich.

Zwei Piaster, Madame! zwei Piaster! (zehn Sous), um einen Hemdkragen zu waschen, und der Rest entsprechend. Von Athen aus werden wir wahrscheinlich nach Patras gehen, nachdem wir von Griechenland gesehen haben, was unsere Mittel uns erlauben werden, und sie werden uns nicht viel erlauben, und in Patras werden wir uns nach Brindisi einschiffen, von wo aus wir zu Lande nach Neapel gehen. Das ist unser Plan. Sonst müßten wir wieder nach Malta fahren, hätten dort fünf Tage Quarantäne, vier zu freiem Gebrauch, und müßten von Malta nach Neapel fahren, was wenig amüsant wäre, besonders für Maxime, der das Meer fürchtet. Was mich angeht, so befinde ich mich famos dabei. Das ist mit dem Reiten ein Talent, das ich auf der Reise erworben habe, denn ich bin jetzt wie M. de Montluc ein "ebenso guter Reiter wie Fußgänger". Ein weiteres Talent: ich verstehe sehr gut italienisch; wenigstens entgehen mir nur wenige Worte, wenn man nicht zu schnell spricht, beim Sprechen radebreche ich ein paar Worte. Aber was mich trostlos macht, das ist das Griechische; die ver... Aussprache ist so, daß ich auf tausend Worte kaum eins wiedererkenne. Das moderne Griechisch ist so mit Slavischem, Türkischem und Italienischem untermischt, daß das alte darin ertrinkt, und denke Dir ihre Halunken von Zischlauten und verschluckten Buchstaben hinzu! In Athen werde ich weniger in Verlegenheit sein, da spricht man literarischer.

An hoher Literatur haben wir hier M. de Saulcy getroffen, ein Mitglied des Instituts und Direktor des Artilleriemuseums, der mit Edouard Delessert reist, dem Sohn des ehemaligen Polizeipräfekten, und eine ganze Bande begleitet sie. Von Anfang an große Familiarität, man läßt den Herrn weg, Fragen von offenster Obszönität, Scherze, Bonmots, französischer Esprit in all seiner Anmut. Wir haben ihnen geraten, nicht nach Syrien zu gehen, wo man ihnen unfehlbar den Schnabel zerschlagen würde. Ich glaube, da haben wir ihnen einen Dienst erwiesen. Schon am zweiten Tage waren wir so befreundet, daß M. de Saulcy mich auf den Bauch klopfte und sagte: "Ah! mein alter Flaubert." M. de Saulcy ist derjenige, der die Keilschrift entziffert hat.

Übermorgen sind wir auf der Gesandtschaft beim General zum Diner. Dieser wackere General vernachlässigt die diplomatische Haltung; in der Intimität versetzt er Maxime tüchtige Fausthiebe in den Rücken und nennt ihn einen verdammten Farceur.

Ich bin eben drei Stunden lang mit Stephany allein spazieren geritten. Es war sehr kalt. Der Himmel ist bleich wie in Frankreich. Wir sind querfeldein über Steppen galoppiert. Ich bin zu den süßen Wassern der Europa geritten, wo im Sommer die schönen Damen von hier in ihren Stiefeln aus gelbem Maroquinleder auf dem Grase gehn. Statt der Spaziergänger fand ich eine Schafherde, die weidete, und die vergilbten Blätter der Sykomoren fielen im Sommerpalast des Großsultans zu Füßen der Bäume nieder. Ich bin über Eyerb zurückgekehrt. In einem Garten voller Gräber, die mit Laubwerk und Efeu bezogen und bekränzt sind, steht eine Moschee eingeschlossen. Ich bin durch das endlose Judenquartier geritten und durch den Phanar, das Quartier der einstigen griechischen Kaiser. Dann bin ich über die große Holzbrücke und das kleine Totenfeld von Pera ins Hotel zurückgekehrt.

Ich weiß nicht, was ich dem Vater Parain mitbringen soll, und meine Verlegenheit ist so groß, daß ich ihm nichts mitbringe. Er soll sich aus meinen eigenen Sachen auswählen, was ihm am besten gefällt. Für die große Masse der Freunde haben wir Pantoffeln, Pfeifen, Rosenkränze, lauter Sachen, die viel Eindruck machen und nicht teuer sind. Werden wir Kanaillen, eh? Die Reisen machen die Jugend klug.

****

An dieselbe.

Konstantinopel, d. 15. Dezember 1850.

Auf wann meine Hochzeit? fragst Du aus Anlaß der Heirat E...s, auf wann? auf niemals, hoffe ich. So sehr jemand für das, was er tun wird, garantieren kann, garantiere ich hier für das Nein. Die Berührung mit der Welt, an der ich mich seit vierzehn Monaten ungeheuer gerieben habe, drängt mich mehr und mehr in meine Muschel zurück. Der Vater Parain täuscht sich, wenn er behauptet, die Reisen ändern. Ich wenigstens komme zurück, wie ich fortgegangen bin, nur mit ein paar Haaren weniger auf dem Kopf und mit vielen Landschaften mehr drinnen. Das ist alles. Was meine moralischen Anlagen angeht, so behalte ich bis auf weiteres die gleichen; und dann, wenn ich meine innersten Gedanken darüber aussprechen müßte und das Wort nicht zu anmaßend erschiene, so würde ich sagen, ich bin zu alt, um mich zu ändern. Ich bin über das Alter hinaus, wo man, wie ich es getan habe, ein ganz intimes Leben voller ungestümer Analysen und dauernder Begeisterungen lebt, wo man sich selber abwechselnd aufregt und beruhigt, und wo man seine ganze Jugend damit hinbringt, seine Seele manövrieren zu lassen, wie es ein Reiter mit seinem Pferde tut, das er mit Sporenstößen querfeldein zu galoppieren zwingt, Schritt zu geben, Gräben zu nehmen, Trab zu laufen und Paßgang, alles nur, um sich zu amüsieren und mehr dabei zu lernen; nun, ich will sagen, wenn man sich nicht gleich zu Anfang den Hals gebrochen hat, hat man große Aussicht, ihn sich auch später nicht zu brechen. Auch ich bin ansässig geworden

– in dem Sinne, daß ich als Gravitationszentrum meinen runden Tisch gefunden habe. Ich behaupte nicht, daß mich kein innerlicher Stoß mehr vom Platz vertreiben und zu Boden werfen kann. Die Heirat wäre für mich eine Apostasie, die mich erschreckt. Alfreds Tod hat die Erinnerung an die Gereiztheit, in die mich das warf, nicht ausgelöscht. Das war wie für fromme Leute die Nachricht von einem großen Skandal, den ein Bischof erregt hat. Wenn man sich, ob groß, ob klein, in die Werke des guten Gottes einmischen will, muß man sich zunächst, schon allein unter dem Gesichtspunkt der Hygiene, in eine Stellung setzen, daß man nicht der Benarrte ist. Du malst den Wein, die Liebe, die Frauen, den Ruhm, mein lieber Freund, unter der Bedingung, daß Du weder Trunkenbold, noch Liebhaber, noch Ehemann, noch Infanterist bist. Wenn man sich unters Leben mischt, sieht man es schlecht, man leidet darunter und man genießt es zu sehr. Der Künstler ist meiner Meinung nach eine Monstrosität, etwas Außernatürliches; alles Unglück, mit dem ihn die Vorsehung überhäuft, kommt ihm aus dem Eigensinn, mit dem er diesen Grundsatz leugnet; darunter leidet er, und müssen andere mit ihm leiden. Man befrage die Frauen, die Dichter geliebt haben, und die Männer, die Schauspielerinnen geliebt haben. Nun (das ist der Schluß) habe ich mich darein ergeben, zu leben, wie ich gelebt habe, allein, mit einer Menge großer Männer, die mir an Stelle eines Kreises stehen, mit meiner Bärenhaut, da ich selber ein Bär bin etc. Die Welt, die Zukunft, das Was-wird-man-dazu-sagen, jede Niederlassung und selbst der literarische Ruhm, von dem ich ehedem schlaflose Nächte lang träumte, kann mir gestohlen bleiben. So bin ich, das ist mein Charakter.

Wenn ich zum Beispiel weiß, wie ich zu dieser Butterbemme von zwei Seiten komme, soll mich der Teufel holen, arme, liebe alte Mutter. Nein, nein, wenn ich an Dein so trauriges und so liebevolles Gesicht denke, an das Vergnügen, mit dem ich bei Dir leben werde, die Du so voll Heiterkeit und ernsten Zaubers bist, dann fühle ich deutlich, daß ich nie eine andere als Dich lieben werde; komm, Du wirst keine Nebenbuhlerin erhalten, hab' keine Angst. Die Sinne oder die Laune eines Augenblicks werden nicht verdrängen, was tief in einen dreifachen Heiligenschrein eingeschlossen bleibt. Man wird vielleicht auf die Schwelle des Tempels treten, aber nicht hinein.

Dieser brave E...! Da ist er nun also verheiratet, ansässig und obendrein immer noch Beamter! Was für ein Bürger und Herrengesicht! Wie wird er mehr als je die Ordnung, die Familie und den Besitz verteidigen! Er ist übrigens dem normalen Weg gefolgt. Auch er ist Künstler gewesen, er trug ein Dolchmesser und träumte von Dramenentwürfen; dann ist er ein mutwilliger Student des Quartierlatin gewesen; seine "Maitresse" nannte er eine Grisette der Gegend, die ich durch meine Reden entrüstete, wenn ich ihn in seiner stinkenden Wohnung besuchte. In der Chaumiere tanzte er ein wenig Kankan, und in der Voltairekneipe trank er Bischof von Weißwein. Dann hat er den Doktor gemacht. Da hat die Komik des Ernstes begonnen, um dem Ernst der Komik zu folgen, die vorangegangen war. Er ist ernst geworden, hat sich versteckt, um kleine Streiche zu verbrechen, hat sich endgültig eine Uhr gekauft und auf die Phantasie verzichtet (wörtlich); wie schmerzlich die Trennung hat sein müssen! Es ist furchtbar, wenn ich's bedenke! Jetzt, bin ich überzeugt, donnert er da unten gegen die sozialistischen Lehren; er redet vom Bau, von der Grundlage, vom Steuerruder, von der Hydra der Anarchie. Als Beamter ist er reaktionär, als Ehemann wird er Hahnrei werden, und wenn er so ein Leben zwischen seinem Weibchen, seinen Kindern und den Schmähligkeiten seines Berufs verbringt – siehe einen Burschen, der alle Bedingungen der Menschlichkeit in sich erfüllt hat! Kurz! reden wir von etwas anderem.

Donnerstag, als ich aus Asien zurückkam, am Donnerstag meines Geburtstags, habe ich bei der Heimkehr Deine beiden guten Briefe vorgefunden. Das war ein Fest. Während Maxime zu Hause geblieben war, um sich mit den Vorbereitungen zur Abreise zu beschäftigen (Zoll, Geld, Kistenexpedition etc.), war ich schon am Morgen mit unserm Freunde, dem Grafen Kosielski, nach der polnischen Farm geritten, die auf der anderen Seite des Bosporus in Asien liegt. Wir haben an dem einen Tage in Karriere fünfzehn Meilen gemacht, indem wir über den Schnee galoppierten, der das verlassene Land bedeckte. Es waren große Erdbewegungen, die wie ungeheure Wogen wellten, deren eintönige Weiße von Ort zu Ort durch verkrüppelte, kleine Eichen oder durch Heidekraut unterbrochen wurde. Eine blasse Sonne glänzte auf diese kalte Fläche herab. Wir haben uns verirrt. Bulgarische Hirten in Schafpelzen, die eher Bären glichen als Menschen, haben uns wieder auf den Weg gebracht. An gebahnten Wegen sahen wir nur die Spur der Hasen und der Schakale, die während der Nacht dort gelaufen waren. Bei den Steigungen und Senkungen sang unser Führer aus Leibeskräften auf eine scharfe Melodie ein Lied, das der Wind ihm alsbald aus dem Munde riß und in die Einsamkeit hinaustrug. Es war sehr kalt, wir aber schwitzten von der Bewegung des Reitens. Kosielski sagte: "O! mir ist, als wäre es Polen." Und ich dachte an die großen Reisen zu Lande in Zentralasien, ans Tibet, an die Tartarei, an das ganze unbestimmte Land der Pelze und der Städte mit Zinnkuppeln.

Du wirst vielleicht fragen, was der Graf Kosielski ist: das ist ein großer polnischer Herr, mit uns im gleichen Hotel, dreiviertel ruiniert infolge der Kriege seines Landes, mit Wunden und Hieben bedeckt, ein reizender Mann und guter Gesellschafter. Er ist Chef der polnischen und ungarischen Auswanderung, die die Erhabene Pforte in den Ländern des Reiches aufgenommen hat. Er verteilt Geld und weist einem jeden den Ort zu, wo er wohnen soll. Auf dieser Farm habe ich ein paar von den armen Teufeln gesehen. Die Vaterlandsliebe führt in weite Fernen (ohne Witze machen zu wollen); Kosielski ist wieder eine von den zahlreichen Bekanntschaften, die wir auf der Reise gemacht haben, und eine von den besten! Es ist übrigens erstaunlich, wie rasch man sich anhängt; einerlei, es hat seinen kleinen Moment der Bitterkeit, wenn man so ganz frische Sympathien im Stich lassen muß.

Wenn ich die Zeit Deiner Abreise weiß, werde ich Dir eine Liste von Gegenständen schicken, die Du mir mitbringen sollst. Nimm ein Mädchen mit, wenn Du es für nötig oder auch nur für bequem hältst. Das Geld ist gut, die Behaglichkeit ist besser. Und auf der Reise ist die Behaglichkeit alles. Sie ist die Gesundheit und oft genug das Leben. Ich schreibe unser dauerndes gutes Befinden dem guten Regime zu, dem wir gefolgt sind, unserer Nüchternheit und, um das Wort herauszusagen, dem Komfort, den wir entbehrten, wenn er nicht da war, den wir aber mit der gleichen Philosophie ergriffen, wenn er sich bot.

****

An Louis Bouilhet.

Athen, d. 19. Dezember 1850. Im Lazarett des Piräus.

Seit gestern bin ich da. Hier sind wir bis Sonntag im Lazarett einquartiert ... Ich lese Herodot und Thirlwall. Der Regen fällt in Strömen, aber wenigstens ist es wärmer als in Konstantinopel, wo die letzten Tage Schnee auf den Häusern lag. Ich bin gestern doch froh gewesen, als ich die Akropolis sah, die unter einem wolkenbedeckten Himmel weiß in der Sonne glänzte. Wir sind vor Kolonos vorbeigekommen, hatten Ägina zur Linken, Salamis vor uns. Maxime litt unter der Seekrankheit und röchelte in seiner Kabine. Das Wetter war rauh. Vorn im Bug stand ich, das Pincenez auf der Nase, neben dem Hühnerkäfig, blickte vor mich hin und überließ mich "großen Gedanken". Ohne jede Prahlerei, ich war bewegt, mehr als in Jerusalem, das scheue ich mich nicht, zu sagen, oder wenigstens auf eine wahrere Manier, mit der der Wille weniger zu tun hatte. Hier war es mir näher, mehr von meiner Familie. Vielleicht liegt es auch daran, daß ich mir's weniger erwartete. Ich sprach den ewigen stumpfsinnigen Bewunderungsmonolog vor mich hin, als ich diesen kleinen Erdenwinkel mitten unter den hohen Bergen erblickte, die ihn beherrschen: "Einerlei, von da sind fabelhafte Kerle und fabelhafte Dinge ausgegangen."

Nächste Woche wollen wir unsere Ausflüge nach den Thermopylen, nach Sparta, Argos, Mykene, Korinth etc. beginnen. Es wird kaum mehr als eine Touristenreise werden: uns bleibt weder Zeit noch Geld. Aus demselben Grunde haben wir Troja übergehen müssen; Konstantinopel hat uns aufgefressen. Ich hätte gern auch Thessalien gesehen, aber wir müssen Golkonda verlassen, es ist aus. Ich bin zum Sterben traurig gewesen, als ich Konstantinopel Adieu sagte. Wieder eine Tür hinter mir geschlossen. Wieder eine Flasche ausgetrunken. Seit sechs Wochen habe ich wildes Reiseverlangen, gerade weil meine Reise zu Ende geht. Ich bin verzweifelt, daß ich Persien versäumt habe. Denken wir nicht mehr daran; der Mensch ist nie zufrieden, ein Satz, der nicht trostreicher wird, weil er nicht neu ist.

Wie hat ein verständiger Mensch wie Du in dieser Hinsicht meine Reise nach Italien mißverstehen können? Siehst Du denn nicht, daß ich, einmal wieder zu Hause, nicht wieder fortkomme, und daß die Zeit meiner Wanderungen bis ... zu Ende ist? Wie und womit, Du Schaf, sollte ich je nach Italien gehen, wenn ich nicht dieses Jahr hingehe? Meine Orientreise hat mein kleines Kapital bös angeschnitten. Die Sonne hat es mager gemacht. Glaubst Du, ich fühle nicht wie Du die Armseligkeit einer Reise ohne Vorbereitungen, die allerhöchstens sechs Monate dauert? Einerlei, ich werde von ihr mitnehmen, was ich kann. Wenn es freilich nach meiner Neigung ginge, möchte ich lange genug in Italien bleiben, um an Ort und Stelle zu arbeiten und mir tropfenweis einflößen, was ich in großen Schlucken schlingen muß. Es ist wie mit Griechenland, ich zucke die Schultern vor Bedauern, wenn ich bedenke, daß ich ein paar Wochen dableiben werde, statt ein paar Monate. Hoffen wir trotz Deiner Prophezeiungen, daß mich die italienische Reise nicht der Hochzeit in die Arme treiben wird. Siehst Du schon die Familie, in der die junge Person in feuchter Atmosphäre aufwächst, die meine Gattin werden soll? Madame Gustave Flaubert! Ist das möglich? Nein, dazu bin ich noch nicht Kanaille genug.

Mit dem Orient also ist es zu Ende. Adieu, Moscheen; Adieu, verschleierte Frauen. Adieu, ihr guten Türken in den Cafés, die ihr eure Tschibuks raucht und derweilen die Nägel eurer Füße mit den Fingern eurer Hände reinigt! Wann werde ich die Negerinnen wiedersehen, die ihrer Herrin zum Bade folgen? In einem großen farbigen Tuch tragen sie die Wäsche zum Wechseln, im Gehen drehen sie ihre dicken Hüften und lassen ihre gelben Babuschen auf dem Pflaster schleifen, so daß sie bei jeder Bewegung des Fußes mit der Sohle klappern. Wann werde ich eine Palme wiedersehen? wann werbe ich wieder auf einem Dromedar reiten?

O Plumet Sohn! der Du die Desinfizierung des A... erfunden hast, gib mir irgendeine Säure, um die menschliche Seele zu entdummen. Wir haben in

Konstantinopel fünf Wochen verbracht; man müßte sechs Monate dort verbringen. Trotz des schlechten Wetters sind wir viel in den Bazaren spazieren gegangen, in den Straßen, sind im Kaik gefahren, geritten. Wir haben den Sultan gesehen. Wir sind im Theater gewesen, wo man ein Ballett gab: den Triumph der Liebe. Da tanzte ein Pan einen Charakterschritt, eingezwängt in eine Samthose mit Hosenträgern, und Tänzerinnen vollführten vor den Augen der Armenier, Griechen und Türken den wahnsinnigsten Kankan. Das Publikum nahm die Sache ernsthaft und kam vor Behagen um.

Eines Tages sind wir ausgezogen und haben die Mauern von Konstantinopel umritten. Die drei Ringe sieht man noch immer. Die Mauern sind mit Efeu bedeckt. Hinter ihnen wimmelt die türkische Stadt mit ihren Häusern aus schwarzem Holz und ihren farbigen Gewändern. Draußen war nichts als ein ungeheurer, mit Grabstellen und Zypressen bepflanzter Friedhof. Der Wind pfiff in den Bäumen, es war kalt. Immer dem Mauergürtel nach, kamen wir bis zum Ufer des Meeres (des Marmarameeres). Dort stehen Schlächtereien. Tiereingeweide bedeckten den Boden, falbe Hunde schweiften rings umher, die Raubvögel schwebten laut kreischend am Himmel über den Wogen, die sich an den Türmen brachen und mit lautem Lärm zurückprallten. Der Wind hob Mähne und Schwanz unsrer Pferde in die Luft. Wir sind über die Gräber zurückgekehrt, sind zwischen ihnen hin galoppiert und gesprungen, sind im Schritt geritten, wenn es enger wurde, sind schlank über die Rasen getrabt, wenn sie sich zwischen Gräbern und Bäumen boten. Ein andermal, es war ein Sonntag, bin ich ganz allein zu Fuß ausgegangen und aufs Geratewohl ins Quartier (das Dimitri) eingedrungen, denn ich hatte mich verirrt. In den Cafés kauerten Männer um die Mangals (Kohlenbecken) und rauchten ihre Pfeife. In einer Straße, wo eine Art Gießbach Kot fortschlemmte, bettelte eine kauernde Negerin auf Türkisch. Ein paar Frauen kamen von der Vesper zurück. Kinder spielten an den Türen. An den Fenstern blickten mich zwei oder drei Griechinnengesichter neugierig an; ich sah mich auf dem Lande draußen auf einer Höhe, wo ich Konstantinopel zu Füßen hatte, das sich in fabelhafter Weite entfaltete. Ich wußte kaum noch, wo ich war. Neben mir stand eine türkische Kaserne, weiterhin eine Menge kleiner Säulen, die auf den Feldern errichtet waren. Dorthin kamen ehedem die Sultane, um sich im Bogenschießen zu üben. So oft sie das Ziel getroffen hatten, errichtete man eine Säule. Dann habe ich mich, so gut es gehen wollte, nach dem Meer zu orientiert, und ich kam vor das Arsenal. Viele Matrosen aus allen Nationen; gewundene und schwarze Straßen, die nach Pech rochen; und ich bin gebrochen, betäubt nach Hause gegangen.

Heute vor acht Tagen habe ich zu Pferde, in Asien, im Höllenkarriere fünfzehn Meilen auf dem Schnee gemacht. Ich ging zur polnischen Kolonie. Die armen Teufel! Als ich über die weißen Einsamkeiten ritt, wo man nur die Spuren der Löwen und Schakale sah, habe ich von Reisen nach Asien geträumt, von Tibet, von der Tartarei, von der chinesischen Mauer; von den großen hölzernen Karawansereis, wo der Pelzhändler abends bei grüner Dämmerung mit seinen zottigen Kamelen ankommt, deren Fell vom Reif starrt. Der Schnee dämpfte den Lärm der Hufe unserer Pferde. In den Schlammlöchern durchbrachen ihre Füße das Eis. Wenn wir sie einen Augenblick verschnaufen ließen, bissen sie mit den Zähnen an den kleinen verkümmerten Bäumen herum, die unter dem Schnee hervorsahen. Bulgarische Hirten in Schafpelzen haben uns wieder auf unsere Straße oder vielmehr in unsere Richtung gebracht, denn wir ritten ohne gebahnten Weg. Am Tor der Farm hing ein großes Reh, dessen durchschnittener Hals schwarz war. Zur Nacht sind wir nach Skutari zurückgekehrt. Mein Gefährte schlug in den Dörfern, durch die wir kamen, mit einer großen Postpeitsche nach den Hunden. Die ganze schweifende Meute heulte schauerlich. Unsere Pferde setzten ihre wahnsinnige Karriere fort. Das Meer ging für die Überfahrt über den Bosporus hoch, und wenn wir im Kaik nicht ertrunken sind, so lag es nur daran, daß Gott es nicht wollte. Im übrigen war es ein schöner Tag, einer, wie man im Leben wenige erlebt, selbst auf der Reise. Nie werde ich die alten Berge von Bithynien vergessen, die ganz weiß waren, und das Licht, das sie so kalt und unbeweglich beleuchtete, daß es künstlich erschien; noch auch all die sich folgenden Dörfer, die plötzlich durch unsere vier Pferde lärmend wurden, wenn sie in Karriere wie ein Blitz über das Pflaster flogen. Dann fühlten wir statt des Pflasters von neuem Erdreich unter den Füßen. Bei einer Straßenbiegung schoß mein Gefährte, Kosielski, der sein Tier wie ein Ulan beherrschte und sich ganz auf seinen Hals hinlegte, auf die Hunde los und traf sie mit mächtigen Peitschenhieben; dann schlug er eine Volte und setzte ohne anzuhalten seinen Weg fort. Ich habe die Moscheen, den Serail, die Sophienkirche gesehen; im Serail einen Zwerg, den Zwerg des Sultans, der neben dem Thronsaal mit den weißen Eunuchen spielte. Der Zwerg war großartig europäisch gekleidet, mit Hosenstrippe, Paletot, Uhrkette; er war scheußlich. Von den Eunuchen hatten mir die schwarzen, die einzigen, die ich bis dahin gesehen hatte, keinen Eindruck gemacht, aber die weißen! darauf war ich kaum gefaßt. Sie gleichen alten, boshaften Weibern. Das fällt einem auf die Nerven und quält einem den Geist, während man sie zugleich aus einem Bürgergefühl heraus haßt. Da hat man, plastisch gesprochen, etwas derartig Antinormales, daß sich die Männlichkeit in einem entrüstet. Erkläre mir das. Einerlei, dies Produkt ist eins der wunderlichsten Dinge, die aus Menschenhand hervorgegangen sind. Was hätte ich im Orient nicht darum gegeben, der Freund eines Eunuchen zu werden! aber sie sind unnahbar. – Übrigens, lieber Herr, versteht es sich von selbst, daß der Zwerg mir den hübschen Caracoides ins Gedächtnis zurückgerufen hat.

Der Orient wird bald nur noch in der Sonne liegen. In Konstantinopel sind die meisten Menschen europäisch gekleidet, man spielt dort die Oper, es gibt Leihbibliotheken, Modistinnen und so weiter. In hundert Jahren wird der Harem, der allmählich vom Verkehr mit leichtfertigen Damen angegriffen wird, von selber unter dem Feuilleton und dem Vaudeville zusammenbrechen ... Bald wird der schon immer dünnere Schleier vom Gesicht der Frauen verschwinden, und mit ihm wird das Moslemitentum ganz davonfliegen. Die Zahl der Mekkapilger nimmt von Tag zu Tag ab; die Ulemahs betrinken sich wie Schweizer, man spricht von Voltaire! Hier kracht alles wie bei uns. Wer's erlebt, wird sich freuen! Das Gesetz über den telegraphischen Verkehr von Privatleuten hat mich seltsam berührt. Es ist für mich das klarste Anzeichen eines drohenden Zusammenbruchs. Es ist von grotesker Komik, das Gesetz sich so martern zu sehen, wie es nur kann, und sich vor Anstrengung das Kreuz zu brechen, um das ungeheure Neue aufzuhalten, das von überall hereinströmt. Die Zeit kommt, wo jede Nationalität verschwinden wird. Das "Vaterland" wird dann wie der "Stamm" in die Archäologie gehören. Die Ehe selber scheint mir durch all die Gesetze, die man gegen den Ehebruch erläßt, kräftig angegriffen. Man führt den Ehebruch auf die Proportionen eines Vergehens zurück. Träumst Du nicht oft vom Ballon? Der Mensch der Zukunft wird vielleicht unermeßliche Freuden kennen. Er wird mit Luftpillen in der Tasche unter den Sternen reisen. Wir sind ein wenig zu früh oder zu spät gekommen. Wir werden vollbracht haben, was das schwerste und das wenigst ruhmvolle ist: den Übergang. Um etwas Dauerhaftes zu errichten, bedarf es einer festen Grundlage; die Zukunft quält uns, und die Vergangenheit hält uns zurück. Deshalb entgeht uns die Gegenwart... Schicke mir Verse, schreibe mir lange Briefe, lieber alter Kamerad; rede mir zunächst von der Muse, dann von Dir. Ich bin in Deinen Liebesaffären durchaus nicht auf dem Laufenden. Wäre Dein Herz beschäftigt? Erzähle mir doch all das.

Wie glücklich werde ich sein, Dein unvergleichliches Gesicht wiederzusehen, Du armer alter Kerl! Mit welchem Vergnügen werden wir unsere guten Sonntage wieder aufnehmen! Aber was werde ich tun, wenn ich erst wieder zu Hause bin? ich weiß es nicht, ich ahne es nicht. Ich habe so viel an die Zukunft gedacht, daß ich mich nicht mehr darum bekümmere. Es ist zu ermüdend und zu eitel. Siehst Du, auf welche schauerliche Art ich Meloenis von Anfang bis zu Ende schreien werde? Werde ich schließlich rot werden! Ich glaube, von jener schönen Stimme, die mich charakterisiert, habe ich nichts verloren. Dafür habe ich verdammt viel Haare verloren. Die Reise hat mir das Gesicht gebräunt. Ich werde nicht schöner; daran fehlt viel; der junge Mann geht. Ich möchte nicht noch mehr altern.

Ich werde jetzt wie der Vater Chateaubriand, der bei allen Begräbnissen weinte: das Geringste taucht mich in endlose Träumereien. Ich ziehe aus Gedanken in Gedanken weiter, wie ein trockenes Gras auf einem Fluß, das die Strömung von Welle zu Welle hinabtreibt. Nein, mache Dich nicht über mich lustig, daß ich Italien sehen will. Wenn die Krämer sich dort auch amüsieren, um so besser für sie. Da unten gibt es alte Mauerflächen, an denen ich hingehen will. Ich muß Capri sehen und dem fließenden Wasser des Tibers zuschaun. Sprich mir ausführlich und viel von China. Ich bin sehr neugierig, das Kind zu sehen. Wir werden die Gardinen zuziehn, wir werden ein großes Feuer machen, und dann werden wir allein, bei flammenden Lichtern und böllernden Versen Nargilehs rauchen, während der innere Hippogryph uns auf seinen Flügeln davonträgt. Adieu, lieber, guter alter Kerl; ich umarme Dich. Nächstes Frühjahr wirst Du mich mit den Rosen wiedersehen, wir werben unsern Mondschein wieder aufnehmen.

****

An seine Mutter.

Athen, d. 26. Dezember 1850.

Wir vergehen vor Befriedigung, daß wir in Athen sind. Und zunächst ist es, als wären wir im Frühjahr, im Vergleich nämlich mit Konstantinopel, das im Winter ein wahres Sibirien ist. Die russischen Winde, abgefrischt durch das schwarze Meer, kommen da aus erster Hand zu einem. Hier finden wir wieder Myrten und Oliven, die uns an unser gutes Syrien erinnern. Und dann die Ruinen! die Ruinen! was für Ruinen! was für Menschen, diese Griechen! was für Künstler! Wir lesen, wir machen Notizen!

Was mich angeht, so bin ich in olympischem Zustand, ich sauge mit vollem Gehirn die Antike ein. Der Anblick des Parthenon gehört zu den Dingen, die mich im Leben am tiefsten durchdrungen haben. Was man auch sage, die Kunst ist keine Lüge. Mögen die Bürger glücklich sein, ich beneide sie nicht um ihre schwerfällige Seligkeit.

Wir sind fünf Tage im Lazarett von Piräus geblieben. Unter dem Vorwand der Quarantäne schindet man einen da bei lebendigem Leibe. Wir sind, was die Börse angeht, tüchtig ausgespült worden. Was für eine infame Räuberei diese Quarantänen sind! Da man vollständig im Gefängnis sitzt, muß man alles mit Gold aufwiegen, und da nie etwas zur Hand ist, muß man es aus der Stadt holen lassen, und die Boten sind nicht billig. Man muß für eine Serviette, ein Messer, einen Tisch und so weiter bezahlen.

Gestern habe ich Canaris gesehen, er trug wie ein gewöhnlicher Sterblicher einen Seidenfilzhut, war europäisch gekleidet und in einen schwarzen Mantel gehüllt. Er war ein stämmiger, kleiner, angegrauter Mann mit ein wenig zerdrückter Nase. Er kann weder lesen noch schreiben. Als er Marineminister war, konnte er seinen Namen nicht unterschreiben. Von allem, was man in Europa über ihn geschrieben hat, weiß er absolut nichts. Welch Faustschlag fürHugo, wenn er das wüßte, er, der ihn so viel und so gut besungen hat. Canaris weiß und sagt nur dies: "In Frankreich gibt es Bücher, die von mir reden." Nächster Tage sollen wir ihm einen Besuch machen.

Wir werden hier von einem sehr wackeren Mann umhergeführt und bedient, vom Obersten Touret, dem Kommandanten des Ortes, einem alten Philhellenen, der mit dem General Fabrier den Unabhängigkeitskrieg mitgemacht hat.

Wir haben die Ehre gehabt, die Heiterkeit und Neugier I. M. der Königin Amelia von Griechenland zu erregen. Am Tage unserer Ankunft sind wir auf ihren Weg geraten, als sie im Wagen spazieren fuhr. Alle Welt grüßte sie durch Abnehmen des Hutes oder der Mütze. Wir vollführten mit unseren Tarbuschen den türkischen Gruß, was ihr so merkwürdig erschienen ist (es gibt hier gar keine Türken), daß sie sich zu ihrer Ehrendame abwandte und in Lachen ausbrach. Wir haben ihr durch den Obersten Touret sagen lassen, wir seien wegen unserer Köpfe sehr in Verlegenheit gewesen, wie wir sie anders hätten grüßen sollen. Sie hat geantwortet, sie habe trotzdem gemerkt, daß wir Franzosen seien. Die Franzosen müssen ihr als sonderbare Käuze erscheinen. Einerlei, ich will noch lieber sonderbar sein und nicht in dem unedlen Palast wohnen, in dem sie wohnt! Ist das häßlich!

Was sagst Du – apropos von Architektur – zu der des Gesandtschaftspalastes in Konstantinopel, wo der Architekt nicht gewußt hat, was für eine Säulenordnung er erfinden sollte und die des Kreuzes der Ehrenlegion erfunden hat! Er hat die Kapitäle mit großen Biedermannsorden verziert!

Morgen früh brechen wir nach Eleusis auf, wir werden über die Kephissosbrücke gehn, wo ehemals die athenischen Frauen bei den Mysterien auf so lustige Art ausgeschimpft wurden!

****

An dieselbe.

Athen, d. 26. Januar 1851.

Dies ist wahrscheinlich mein letzter Brief aus Athen? in ein paar Tagen brechen wir nach dem Peloponnes auf. Ich weiß nicht, wie ich Dir bis zu meiner Ankunft in Neapel schreiben soll. Also, arme Mutter, mache Dich wenigstens einen Monat lang auf das Ausbleiben mehrerer Kuriere gefaßt. Nachher wirst Du von Neapel an regelmäßig hören, bis alle Korrespondenz aufhört, und das ist die Zeit unserer Umarmungen. Ich erwarte Dich Ende März in Rom. O! komme noch früher, wenn Du willst, arme, alte Mutter, Du sollst gut empfangen werden. Was Maximes Abreise angeht, so wiederhole ich Dir, sie ist Deinem Eintreffen ganz untergeordnet.

Du sprichst von Erinnerungen und vergangenen Dingen; weißt Du, woran ich heute gedacht habe? An den langen Sommernachmittag, den wir alle drei im Gasthof der Mutter Leblond in Pont-Audemer verbracht haben; wie heiß es war! wieviel Fliegen da waren! Ich höre noch die Glocken der Fuhrmannspferde, die in dem staubbedeckten Hinterhof standen. Ich bin wie Du, ich vergesse nichts, ich träume oft von Déville. Die Erinnerung an meine arme Schwester verläßt mich nicht. Ich trage stets einen leeren Fleck im Herzen, den nichts verdeckt; das entzückende und gute Geschöpf!

Man mag noch so viel reisen, Landschaften und Säulenstumpfe sehen, das erheitert nicht. Man lebt in einer parfümierten Starrsucht, in einer Art Schlafsuchtszustand, in dem einem Wechsel der Dekorationen vor den Augen und plötzliche Melodien vor dem Ohr vorbeiziehn: die Geräusche des Windes, das Rollen der Wogen, die Glöckchen der Herden. Aber man ist nicht lustig, dazu träumt man zu viel. Nichts macht einen so dem Schweigen und der Trägheit zugänglich; wir verbringen mitunter ganze Tage, Maxime und ich, ohne das Bedürfnis zu spüren, den Mund aufzutun. Nachher spielen wir den Scheik. Zu Pferde trabt einem der Geist in gleichmäßigem Schritt durch alle Pfade des Gedankens; er steigt in den Erinnerungen empor, hält an den Kreuzwegen und Anschlüssen still, tritt auf die toten Blätter und steckt die Nase über die Mauern; all das reift und wird alt, ohne vom Physischen zu sprechen; denn mache Dich darauf gefaßt, mich dreiviertel kahl, mit gebräuntem Gesicht, mit langem Bart und dickem Bauch wiederzufinden. Ich werde entschieden häßlich, das betrübt mich. Ah! ich bin nicht mehr der prachtvolle junge Bursch von vor zehn Jahren. In elf Monaten werde ich dreißig Jahre alt, das ist das Alter der Vernunft. Und doch habe ich kaum welche.

Neulich haben wir bei Tisch eine Schar von kleinen Zöglingen der englischen Marine im Alter von neun bis vierzehn Jahren neben uns gehabt; sie kamen ruhig und leisteten sich wie Männer ein Fest im Hotel; es gab nichts Amüsanteres und Netteres als sie in ihren Uniformen, die ihnen zu groß waren. Der kleinste, der neben Maxime saß und nicht höher war als der Tisch, vergrub die lange Nase in seinem Teller. Diese Herren toasteten sich mit der Kaltblütigkeit von Lords an. Sie rauchten Zigarren und tranken Marsala. Mein Gesicht machte ihnen viel zu schaffen; sie hielten mich für einen Türken (was überall ziemlich allgemein geschieht). Sie haben zum Hotelwirt gesagt, sie bedauerten sehr, am folgenden Tage fort zu müssen, sonst hätten sie mir einen Besuch gemacht, um mit mir zu plaudern.

Wir haben die Bekanntschaft Muraddis gemacht, dessen, der letzthin mit Manin die Belagerung Venedigs ausgehalten hat. Er ist in den Bleigefängnissen eingeschlossen gewesen und entflohen. Als ehemaliger Philhellene hat er Lord Byron gut gekannt, und er hat uns ein paar interessante Einzelheiten über ihn mitgeteilt. Er ist ein Mann, den zu kennen merkwürdig ist, und ein starker Republikaner.

****

An dieselbe.

Patras, d. 9. Februar 1851.

Da sind wir nun am Ende unserer Reise angelangt, liebe alte Mutter; in vier Tagen schiffen wir uns nach Brindisi ein; von da an leben wir wieder unter den Bedingungen des gewöhnlichen Touristen. Die wahre Reise ist zu Ende. Hier langweilen wir uns zum Sterben. Patras ist ein abscheulicher Aufenthalt. Die Kneipe, in der wir sitzen (die anderen, die, wie man sagt, nicht besser sind, sind voll) ist furchtbar. Als wir letzten Donnerstag um zehn ankamen, hatten wir große Mühe, etwas zu essen zu bekommen, und Francis, unser Dragoman, hat durchnäßt, wie er war, auf den Treppenstufen geschlafen, wo er ohne meinen Paletot vor Kälte umgekommen wäre. Übrigens geht es uns in gesundheitlicher Hinsicht gut, und die Reise in den Peloponnes, die zu dieser Jahreszeit ziemlich mühsam ist, hat uns nicht ermüdet. Freilich muß ich sagen, ich halte uns für fest. Ich "sein imstanden", wie Joseph sagte, dreißig Meilen Trab zu reiten und am Tage darauf von neuem anzufangen.

Also Ende des nächsten Monats werden wir uns wiedersehen, arme, so sehr geliebte Mutter. Jetzt zählen wir nicht mehr nach Monaten, sondern nach Wochen und Tagen. Ich fürchte, Du wirst auf Deiner Reise frieren. Nimm Dich recht in acht: glaube meiner Erfahrung und vertraue keineswegs auf die Wärme der warmen Länder. Tu mir den Gefallen, ich erbitte es von Dir als Gnade, und laß Dir Flanelleibbinden machen; nimm für Deine Füße einen Fußsack mit, Du wirst in der Post von Paris nach Marseille gefrieren, das ist sicher. Versieh Dich tüchtig mit warmen Kleidern, mit Muff, Mantel etc. Wenn Du vernünftig wärst, würdest Du Dir einen kleinen Pelzmantel schenken. Bedenke, daß es an Bord der Dampfboote kein Feuer gibt. Ende März wird das Wetter noch frisch sein. Glaube mir, gute alte Mutter, ich übertreibe nichts. Folge meinen Ratschlägen, auf Reisen hat man die Gesundheit nur um den Preis solcher Vorsichtsmaßregeln.

Alles, was Du mir über die Vergessenheit der Abwesenden sagst, wundert mich keineswegs. – So ist der Durchschnitt der Seelen. Die Banalität des Lebens ist derart, daß man sich vor Trauer übergeben könnte, wenn man sie aus der Nähe betrachtet. – Die Schwüre, die Tränen, die Verzweiflung, all das verrinnt wie eine Handvoll Sand zwischen den Fingern. Warte, drück ein wenig, und gleich ist nichts mehr da. Und dann ist es so langweilig, immer die gleiche Rolle zu spielen, und das Publikum weiß es uns so wenig Dank! Es ist so ermüdend, stets dieselbe Empfindung zur Schau zu tragen! Man hat die Abwechslung, die Zerstreuung nötig. Das ist das große Übel. Das Herz will wie der Magen wechselnde Nahrung. Und dann – hat nicht das Gewöhnliche, das Armselige, das Blöde, das Kleinliche unwiderstehliche Reize? Weshalb gehen so viele Männer mit ihrer Köchin zu Bett? Weshalb hat Frankreich nach Napoleon Ludwig XVIII. gewollt. Das traurigste daran ist, wenn man eines Tages merkt, wie eine ehemalige Freundschaft zerbröckelt ist. Dank alten Sympathien hatte man den Glauben an eine Empfindungsgemeinschaft, die nicht mehr existiert. Man hat sich gesagt: Wenn ich sie nötig habe, wird sie mir zu Hilfe kommen. Man ruft sie; das Freundesohr hört nicht einmal mehr die Zunge. Von einem Mann zu einem andern Mann, von einer Frau zu einer andern Frau, von einem Herzen zu einem andern Herzen, welche Abgründe! Die Entfernung eines Kontinents vom nächsten ist nichts daneben.

Verlange ich, daß man sich ins Wasser stürzt, wenn ich hineinfalle? oder daß man mich gegen Meuchelmörder verteidigt? Ich kann schwimmen und man überfällt nicht mehr. Nicht nach Opfern hungert das Herz, sondern nach Vertrauen. Ich verlange, daß man mich liebt, wie ich liebe, daß man weint, wie ich weine, und um dieselben Dinge, daß man fühlt, wie ich fühle; das ist alles. Es gibt nichts Unnützeres als jene heroischen Freundschaften, die Umstände erfordern, um sich zu beweisen. Das schwierige ist, jemanden zu finden, der einem nicht bei allen Geschehnissen des Lebens auf die Nerven fällt.

Findest Du nicht, liebe alte Mutter, daß ich auf der Reise verteufelt moralischer werde. Ich habe seit achtzehn Monaten viel von der Menschheit gesehen; Reisen entwickelt die Verachtung für sie. Von dem an, der Dich um Gift bittet, um seinen Papa zu expedieren, bis zu der Mutter, die einem ihre Tochter verkauft, sieht man sie in allen Farben. Diese Seite hätte ich an der Reise nie geargwohnt. Man begibt sich in Unbequemlichkeiten, um Ruinen und Bäume zu sehen, aber zwischen der Ruine und dem Baum trifft man etwas ganz anderes, und aus all dem, Landschaft und Halunkereien, ergibt sich in einem ein ruhiges und gleichgültiges Mitleid. Träumerische Heiterkeit, die ihren Blick schweifen läßt, ohne ihn auf irgend etwas haften zu lassen (weil einem alles gleich ist, und weil man fühlt, daß man die Tiere ebensosehr liebt wie die Menschen, und die Kiesel des Meeres ebensosehr wie die Häuser der Städte). Voll von Sonnenuntergängen, von Wellenmurmeln und Blätterrascheln und Düften, voll Wälder und Herden mit Erinnerungen von menschlichen Gesichtern in allen Haltungen und Grimassen der Welt, lächelt die auf sich gestellte Seele schweigsam in ihrer Verdauung wie eine vom Opium eingeschläferte Bajadere.

Auch der Egoismus entwickelt sich rasch; wenn man so viele Leute sieht, die einem so fremd sind wie das Lentiskengebüsch am Wegrand, denkt man nur noch an sich, man interessiert sich nur noch für sich, und man gäbe das Leben eines Regimentes hin, um sich eine Erkältung zu ersparen. Es gibt ein orientalisches Sprichwort: "Hüte Dich vor dem Hadschi" (dem Pilger). Dies Sprichwort ist gut. Dadurch, daß man Hadschi ist, wird man zum Lumpen, wenigstens nach dem, was ich glaube.

Zu den hübschesten Dingen, die ich in Griechenland gesehen habe, gehören die umherziehenden Musikanten. Oft trifft man in den Dörfern zwei Leute, die zusammengehn, Sie sind in große Mäntel aus grober weißer Wolle gehüllt. Die Hunde heulen ihnen in furchtbaren Tönen nach und verfolgen sie, bis sie sich unter das Schutzdach des Hauses geflüchtet haben. Auf dem Kopf eine Art kleinen, schwarzen, sehr breiten Turbans, dessen beide Enden ihnen auf die Ohren herabhängen (das eine geht unter dem Kinn durch, wie bei den Mönchskappen im Mittelalter), bekleidet mit Lumpen, an den Füßen Leinwandsandalen – so bläst der größte eine Blase, und der jüngste trägt an der Seite einen großen Quersack. Wenn sie ihre Kollekte veranstaltet haben, gehen sie weiter, und die Hunde beginnen von neuem zu bellen. Ich habe welche gesehen, die vor Kot und Unrat schwarz waren, und darunter saßen entzückende Gesichter mit Fürsten- oder Sträflingsmienen.

Von Athen bis Sparta haben wir Regen gehabt, von Sparta bis hier Gießbäche und Flüsse zu passieren. Wir haben sie zu Pferde passiert, und bisweilen, wenn der Fluß keine Furt mehr hatte, schwamm unser Pferd, und wir hatten das Wasser bis oben an die Schenkel. Das Gepäck lud man vollständig ab, unsere Leute gingen ins Wasser und trugen es auf dem Rücken zum andern Ufer. Abends schliefen wir, in unsere Mäntel gehüllt, mit den Eseln und Pferden in Ställen, um ein großes Feuer gelagert, dessen Rauch die Deckenbalken schwarz überzog. Mitunter auch bei einem griechischen Pappas in einem Hause. Der gemeinsame Raum, in dem die ganze Familie und wir schliefen, lag voll von Weinschläuchen, Kornhaufen, trockenen Käsen, auf Schnüre gereihten Zwiebeln und so weiter. In einem Winkel wiegte eine Frau ein Kind in einem hohlen Baumstamm; diese Balgen dienen zugleich als Wiege, als Backtrog und als Gefäß für die Waschlauge. Denke Dir, welche Menge von Flöhen man in derartigen Nachtquartieren haben mußte!

Von Sparta haben wir schönes Wetter gehabt. Messenien ist schön, aber nichts kommt der Straße von Megara nach Korinth gleich. Die Landschaft von Sparta gehört zu den seltsamsten, und wenn man sie einmal gesehen hat, verlischt sie im Kopf nie wieder. Es gibt keine einzige Straße in Griechenland, einem wohl noch wilderen und tausendmal unbequemeren Land, als es alle Türkeien und Syrien sind. Aber was allein die ganze Reise lohnte, das ist die Akropolis von Athen.

François, unser Dragoman, ist ein alter Renegat, der im Befreiungskriege von den Türken gefangen genommen wurde. Unterwegs hat er uns gute Kriegs- und Fluchtgeschichten erzählt. Wir sind mit dem Burschen zufrieden gewesen. Ich arbeite jetzt daran, den Heulderwisch spielen zu lernen. François gibt mir zu Pferde Lektionen. Maxime kommt dabei um; ich fahre darum nicht weniger fort. Eines Abends hatte ich mir buchstäblich die Brust ausgeschrieen, und in dem Hause, wo mir schliefen, war alles an die Tür gekommen, um zu sehen, was es gäbe. Der Scheik lebt immer noch; das ist eine kräftige Schöpfung, der die Zeit nichts anhaben kann.

Die kiques liegen hier neben oder besser mitten in einem Hühnerstall, der ein Zimmer einnimmt; um zum Loch zu kommen, muß man sich mit den Puten schlagen. Was für ein Loch! Ich glaube, der Hotelwirt mästet das Geflügel mit K..., die Küche scheint es anzudeuten. Gestern wollten wir ein türkisches Bad nehmen. Man sagte uns, man heize die Bäder nur nach dem Karneval. Das gibt Dir den Maßstab für Patras. Alles ist dementsprechend. Als orientalische Annehmlichkeit ist das türkische Bad etwas, wonach ich mich zurücksehnen werde. Nichts erfrischt und reinigt gleich sehr.

****

An Louis Bouilhet.

Patras, d. 10. Februar 1851.

Statt des Gewäsches über die prachtvollen Vignetten zu Deinen Seiten, das Du mir geschickt hast, wäre es mir ebenso lieb gewesen, Du hättest von Dir gesprochen. Was wird aus Dir? Was machst Du? materiell, das versteht sich. Quid de Venere? Es ist lange her, daß Du mir Deine Jugendstreiche nicht mehr erzählt hast. Was mich angeht, so schwinden meine Haare. Du wirst mich im Käppchen wiedersehen; ich werde kahl sein wie ein Bureaumensch, wie ein abgearbeiteter Notar; wie das Dümmste, was es an frühreifer Senilität gibt. Ich bin darob vertrauert (sic), Maxime macht sich über mich lustig, vielleicht hat er recht. Es ist eine weibliche Empfindung, unwürdig eines Mannes und Republikaners; ich weiß, aber ich fühle darin das erste Symptom einer Dekadenz, die mich demütigt und die ich recht wohl empfinde. Ich werde dick, ich werde ein Wanst und beginne als Brechmittel zu wirken. Vielleicht werde ich mich bald nach meiner Jugend sehnen und wie Verangers Großmutter die verlorene Zeit bereuen. Wo bist du, üppiger Haarwuchs meiner achtzehn Jahre, der mir mit so viel Hoffnungsfreudigkeit und Stolz auf die Schultern fiel!

Selbst nach dem Orient ist Griechenland schön. Ich habe im Parthenon tiefen Genuß gehabt. Das kommt der Gotik gleich, was man auch sage, und ich glaube vor allem, es ist schwerer zu verstehen.

Wir haben im allgemeinen von Athen bis hier schlechtes Wetter gehabt. Die Flüsse haben wir durch Furten passiert; oft haben wir das Wasser bis zum Hintern gehabt, und unsere Pferde schwammen unter uns. Abends haben wir um ein Feuer von feuchten Zweigen mit Pferden und Leuten zusammen in Ställen geschlafen. Am Tage trafen wir nur Schaf- und Ziegenherden, und die Hirten, die sie bewachten, trugen große, wie Bischofsstäbe gebogene Stöcke; Hunde mit schwarzer Schnauze stürzten bellend auf uns zu und bissen unsere Pferde ins Kniegelenk; dann kehrten sie nach einiger Zeit wieder um. Griechenland ist wilder als die Wüste; Elend, Schmutz und Verlassenheit bedecken es. Ich bin dreimal durch Eleusis gekommen. Am Ufer des Golfs von Korinth habe ich melancholisch an die antiken Geschöpfe gedacht, die Leib und Haar in diesen blauen Fluten gebadet haben. Der Hafen von Phaleron hat die Form eines Zirkus. Dort kamen die Schnabelgaleeren mit ihrer Ladung wundervoller Dinge – Vasen und Kurtisanen – an. Die Natur hatte alles für diese Leute gemacht: Sprache, Landschaft, Anatomien und Sonne; selbst die Form der Gebirge, die wie gemeißelt ist und mehr als irgendwo sonst architekturale Linien zeigt.

Ich habe die Trophoniushöhle gesehen, in die jener gute Apollonius von Tyana hinabstieg, den ich ehedem besungen habe.

Daß man Delphi erwählt hatte, um die Pythia dorthin zu setzen, ist ein Geniestreich. Es ist eine Landschaft für religiöse Schrecken, ein enges Tal zwischen zwei fast senkrechten Gebirgen, der Boden voll von schwarzen Oliven, die Berge rot und grün, das Ganze von Schluchten durchzogen, im Hintergründe das Meer, und ein Horizont von schneebedeckten Bergen.

In den Bergen des Kitheron haben wir uns verirrt, und fast hätten wir dort die Nacht verbringen müssen.

Als wir den Parnaß betrachteten, haben wir an die Erbitterung gedacht, mit der sein Anblick einen romantischen Dichter von 1832 erfüllt und welche Schimpfrede er ihm zugesandt hätte.

Die Straße von Megara bis Korinth ist unvergleichlich; der direkt in den Berg geschnittene Weg, kaum breit genug, daß das Pferd sich halten kann, und senkrecht über dem Meer, windet sich, steigt, fällt, klettert und krümmt sich an den Flanken des mit Meerkiefern und Lentisken bedeckten Felsens. Von unten steigt einem der Geruch des Meeres in die Nase, es liegt unter einem, wiegt seinen Tang und murmelt kaum; darauf liegen von Ort zu Ort große blaßgrüne Platten wie lange Stücke grünen Marmors, und hinter dem Golf fliehen tausend Einschnitte der ovalen Berge in nachlässigen Haltungen in die Unendlichkeit hinaus. Als wir vor den skirronnianischen Felsen vorbeikamen, auf denen Skirron sich aufhielt, ein von Theseus getöteter Räuber, da ist mir der Vers des weichen Racine eingefallen:

Reste impur des brigands dont j'ai purgé la terre.

War es schlafmützig, das Altertum all dieser braven Leute! Hat man trotz allem etwas Kaltes und unerträglich Nacktes daraus gemacht! Und doch braucht man nur am Parthenon die Reste dessen zu sehen, was man den Typus des Schönen nennt. Wenn es je etwas Kräftigeres und "Natürlicheres" in der Welt gegeben hat, mag man mich hängen. Auf den Tafeln des Phidias sind die Adern der Pferde bis zu den Hufen hinab angegeben und sie springen vor wie Schnüre. Fremdartiger Zierrat, Malereien, Metallhalsbänder, Edelsteine etc., waren verschwenderisch hinzugetan. Es konnte einfach sein, aber auf jeden Fall war es reich.

Der Parthenon ist ziegelrot. An gewissen Stellen hat er Asphalt- und Tintentöne. Die Sonne scheint fast beständig darauf; was für Wetter auch herrscht, das glänzt und leuchtet. Auf dem verfallenen Gesims lassen sich Vögel nieder, Falken und Krähen. Der Wind pfiff zwischen den Säulen, die Ziegen weiden das Gras zwischen den zerbrochenen Stücken schwarzen Marmors, die einem zwischen den Füßen rollen. Hier und dort in Löchern Haufen menschlicher Gebeine, Reste des Krieges. Kleine türkische Ruinen unter der großen griechischen Ruine, und dann in der Ferne und ewig das Meer.

Unter den Skulpturstücken, die man auf der Akropolis gefunden hat, ist mir vor allem ein kleines Basrelief aufgefallen, das eine Frau darstellt, die ihren Schuh wieder festbindet, und ein Rumpftorso. Nur die beiden Brüste vom Halsansatz bis über den Nabel sind noch da. Die eine Brust ist verschleiert, die andere frei. Was für Brüste! heiliger Gott! was für eine Brust! sie ist apfelrund, voll, reichlich, von der andern losgelöst und schwer in der Hand. Darin liegt eine fruchtbare Mütterlichkeit und eine Liebessüße, daß man dran sterben könnte. Der Regen und die Sonne haben diesen Marmor gelbblond gemacht. Er ist von falbem Ton, der ihn fast wie Fleisch erscheinen läßt. Das ist so ruhig und so vornehm! Man könnte meinen, sie werde schwellen und die Lungen darunter sich füllen und atmen. Wie schön sie ihre feine enggefaltete Bekleidung trug, wie man sich im Weinen darauf gewälzt hätte! Wie man davor auf die Knie gefallen wäre und die Hände gefaltet hätte! Ich habe davor die Schönheit des Ausdrucks "Stupet acris" empfunden, um ein Geringes hätte ich gebetet.

In Athen haben wir Canaris einen Besuch gemacht. Er ist ein dicker, kleiner, untersetzter Mann, mit schiefer Nase, wenig weißem Haar, ohne Schädel. Ich habe ihm versprochen, ihm Hugos Gedichte zu schicken, die von ihm handeln. Er kannte sie nicht einmal dem Namen nach! O Eitelkeit des Ruhms! Ich habe Äschylos wieder gelesen. Ich komme auf meinen ersten Eindruck zurück, am liebsten habe ich denAgamemnon.

An Erinnerungen an Griechenland bringen wir zwei Marmorstücke von der Akropolis Athens und eins vom Tempel des Apollon Epikureios mit. In einem Dorf an den Ufern des Alpheios habe ich einer Bäuerin ein gesticktes Taschentuch abgekauft. Der Eurotas ist von Oleandern und Pappeln besäumt. Der spartanische Bauer ist einzig und erfordert vier Seiten Schilderung; das bleibt für später. Elis ist mit Eichen bedeckt. Wir haben es, um hierherzukommen, mit unserer letzten Tagesreise durchquert, in der wir auf der Karte in Luftlinie 22 Meilen gemacht haben (15 Stunden Trab). Wir haben verwüstete, gebräunte und zerfetzte Gesichter, die wie schick hochmütig dreinschaun. Von schokoladenbraun, wie ich in Syrien war, bin ich ziegelrot geworden. Meine Augenbrauen sind wie bei einem alten Seemann fast rot. Ich muntere mich nicht auf, mich zu betrachten. Adieu, alter Kerl.

****

An seine Mutter.

Neapel, d. 9. März 1851.

Obgleich kein Brief von Dir auf der Post liegt (vielleicht liegt einer da: es ist ein infamer polnischer Reichstag, ein Hundestall von Lumpen), will ich Dir schreiben, als läge einer da, arme, geliebte alte Mutter. Denn einer meiner Briefe braucht nur auszubleiben, und eine gute Frau, denke ich mir, bildet sich ein, ich sei krank geworden. Bald aber hört unsere Korrespondenz auf, denn ich hoffe, in einem Monat wirst Du nahe daran sein, Dich einzuschiffen. Versuche, mit dem Dampfboot am 9. von Marseille fortzukommen. Auf diese Weise wirst Du zur heiligen Woche in Rom sein; das lohnt die Mühe.

Neapel ist wahrlich ein entzückender Aufenthalt, obgleich wir bisher seine Schönheiten kaum genossen haben. Unsere ganze Zeit wird auf das Antikenmuseum verwendet, das unerschöpflich ist. Letzte Nacht habe ich nicht geschlafen, so voll hatte ich den Kopf von Kaiserinnenbüsten und Votivreliefs. Wir gehen um neun Uhr morgens hin und gehen um drei Uhr wieder fort. Der Abend geht damit hin, daß wir unsere Notizen ins reine bringen oder ins Theater gehen. Wenn wir uns tüchtig beeilen, haben wir noch etwa vierzehn Tage lang zu tun. Dann bleibt der Vesuv, Pompeji und die Umgegend. Heute sollten wir nach Capua gehen, aber wir haben uns in der Stunde der Abfahrt der Eisenbahn (wieder eine solche Baracke) geirrt; es wäre zu spät gewesen, wir hätten nichts mehr sehen können, und so sind wir ruhig nach Hause gegangen. In ein paar Tagen gehen wir nach Paestum, was eine kleine Reise von drei Tagen ist.

Letzten Mittwoch, am Aschermittwoch, war das Museum geschlossen. (Zunächst ist in Neapel alles geschlossen.) Es ist wegen der Fasten geschlossen, wegen des Sonntags, weil die Königin krank ist, weil sie nicht krank ist, weil der Fürst von Salerno im Sterben liegt; bald wird es geschlossen sein, weil er gestorben ist (denn der gute Mann, sagt man, krepiert augenblicklich). Wir sind in Baja gewesen, wir haben den Lukriner See gesehen, den Averno, die Bäder des Nero etc., und die Stelle der Villen, wo all diese Alten ihr fabelhaftes Leben führten. Was für Männer! Wir haben in einer Schenke im Angesicht des Meeres unter einer vertrockneten Weinlaube neben dem Venustempel, in dem eine Barke auf dem Trockenen lag, Falerner getrunken.

Seit wir hier sind, ist es ziemlich häßlich gewesen (verhältnismäßig, wohl verstanden), außer vielleicht an dem Tage, als wir in Baja waren. Heute jedoch ist schöner Sonnenschein. Die Frauen fahren barhäuptig im Wagen aus, mit Blumen im Haar, und alle sehen sehr leichtlebig aus. Es ist nur das Aussehen. An der Chiaja stecken einem die Veilchenverkäufer ihre Buketts fast mit Gewalt ins Knopfloch. Man muß sie anfahren, damit sie einen in Ruh lassen. Im übrigen Überfluß an Mönchsgezücht und Pfaffen; Glockengeläute von den vierhundert Kirchen der Stadt und Bettler auf allen Pflastern. Was für ein dummes Wesen der Reisende ist! Ich studiere alle, die ins Museum kommen. Auf fünfhundert kommt sicherlich nur einer, dem das Spaß macht. Sie gehen hin, weil die anderen hingehn. Die Brille auf der Nase läuft man im Trab durch die Galerien, dann klappt man den Katalog zu, und alles ist gesagt.

****

An dieselbe.

Rom, d. 8. April 1851.

Nichts Neues mitzuteilen; wir kommen nicht aus den Museen heraus. Der Vatikan und das Kapitol nehmen uns ganz in Anspruch, vor allem der Vatikan, wo man wahrhaftig ziemlich kokette kleine Dinge sieht. Die Menge von Meisterwerken, die es in Rom gibt, ist etwas Beängstigendes und Vernichtendes. Man fühlt sich hier noch kleiner als in der Wüste. Alle Welt strömt zur heiligen Woche zusammen. Die Häuser sind voll und die zuletzt Gekommenen haben Mühe, Unterkunft zu finden.

Ich will an Bouilhet schreiben, von dem ich so wenig höre, wie wenn er tot wäre, was mich ärgert. Wie sich der arme Bursche hier amüsieren würde! Wie er die Ruinen und die Campagna einsaugen würde! Denn die römische Campagna ist das Antikeste, was es in Rom gibt. Die Stadt selber trägt trotz der Menge antiker Dinge nicht mehr das antike Gepräge, es ist unter dem Jesuitengewand verschwunden. Man muß Rom wie ein ungeheures Museum nehmen und von ihm nichts anderes verlangen als sechzehntes Jahrhundert. Neulich habe ich eine Madonna Murillos gesehen, über die man wahnsinnig werden könnte, wie Vater Parain sagen würde, und ehe man es fertig brächte, eine ähnliche zu machen, würde man sich manche Brustentzündung holen.

Gestern ist mir aus Anlaß des Jüngsten Gerichts von Michelangelo eine Reflexion gekommen. Diese Reflexion ist die, daß es auf der Erde nichts Gemeineres gibt als einen schlechten Künstler, als einen Schuft, der sein Leben lang am Schönen hinfährt, ohne sich jemals auszuschiffen und seine Fahne darauf aufzupflanzen. Kunst machen, um Geld zu verdienen, dem Publikum schmeicheln, in der Aussicht auf Lärm oder Groschen joviale oder traurige Albernheiten auftischen, das ist der unedelste Beruf, und zwar aus demselben Grunde, aus dem mir der Künstler als derMeistermensch der Menschen erscheint. Ich möchte lieber die Sixtinische Kapelle gemalt als viele Schlachten, selbst die von Marengo, gewonnen haben. Das wird länger dauern und vielleicht war es schwerer. Und ich habe mich mit dem Gedanken über mein Elend getröstet, daß ich wenigstens die Ehrlichkeit habe. Nicht jedermann kann Papst sein. Der letzte Franziskaner, der auf nackten Füßen durch die Welt läuft, dessen Geist beschränkt ist, und der die Gebete, die er aufsagt, nicht versteht, ist vielleicht ebenso achtbar wie ein Kardinal, wenn er mit Überzeugung betet, wenn er sein Werk mit Glut vollbringt. Freilich hat der arme Mann, um ihn in seiner Entmutigung zu stärken, nicht das Schauspiel seines Purpurs.

****

An Ernest Chevalier.

Rom, d. 9. April 1851.

Ich wußte, lieber Ernest, daß Du Dich verheiraten solltest; meine Mutter hatte es mir geschrieben, aber ich wußte nicht, daß die Sache geschehen war. Sei glücklich, das ist alles, was ich Dir wünsche, und alles, was man Dir wünschen kann, scheint mir. Armer alter Kerl, wir sind weit voneinander entfernt, wir, die wir früher wie siamesische Brüder lebten. Unsere verschiedenen Stellungen, Deine als eines verheirateten und ansässigen Mannes, und meine als eines träumerischen Vagabunden, trennen uns noch mehr als die Kilometer, die sich zwischen uns aufrollen und eine Kluft herstellen. Ich glaube, Du hast den rechten Weg erwählt, das sei unter uns gesagt, und ohne Dir Komplimente machen zu wollen; und was ich erwählt habe, ich sage nicht, daß das das Schlechte ist, sondern daß das Schlechte mich erwählt hat (denn meine philosophischen Lehren, wie der " garçon" sagen würde, erlauben mir nicht, anzuerkennen, daß es darin Freiheit und freien Willen gibt).

Ich verhehle nicht, daß ich Lust habe, Deine Frau kennen zu lernen und Deine kommenden Jungen zu umarmen. Und das beauftrage ich Dich, mit den einen wie der anderen zu tun, wenn nicht etwa, mein lieber Herr, etwas darin liegt, was Dir mißfällt.

Ah! ja, als wir über jenem armen Billard des Hospitals heulten, das in ein Theater verwandelt war, dessen Dekorateur Du warst, wer hätte uns da gesagt, daß ich heute in Rom sein würde, daß ich um vier Uhr abends aus Sankt Peter kommen und an Dich schreiben würde? wer hätte uns auch noch gesagt, daß ich kahl sein würde, denn Du wirst mich mit fast entblößtem Kopfe wiedersehen? Darin gleiche ich Julius Cäsar und einem Kürbiß, denn ich bin im Orient ungeheuer fett geworden. Du wirst ein Glück kosten, lieber Ernst, Du kostest es schon, das mir auf immer versagt sein wird. Ich glaube wie der Paria Bernardin de Saint Pienes, daß man das Glück bei einer guten Frau findet. Es kommt nur darauf an, daß man sie trifft, und daß man selber ein guter Mensch ist, eine doppelte und beängstigende Bedingung. Was Dir auch in der Folge zustößt, erinnere Dich, lieber alter Kerl, daß Du da unten, am Ufer des Wassers zwischen Hügel und Fluß, ein Ohr hast, das für Geständnisse immer offen ist, eine Freundeshand, die Dich nicht im Stich lassen würde, und eine Liebe, die zwar alt, aber nicht gealtert ist. Wenn Dir die Rinde bisweilen verhaspelter hat erscheinen können als in der Vergangenheit, so liegt das daran, daß ich kleine Szenen im Innern (ich spreche von der Seele) durchgemacht habe, die mir das Wesen ein wenig haben kristallisieren müssen. Man muß es machen wie in Herculanum, die Lava abräumen, und dann wirst Du die Gemälde noch frisch vorfinden.

Nun ja, ich habe den Orient gesehen und ich bin darum nicht weiter, denn ich möchte dahin zurückkehren. Ich möchte nach Indien gehen, mich in den Pampas Amerikas verlieren und in den Sudan ziehen, um die Neger- und Elefantenjagd zu sehen. Von allen möglichen Ausschweifungen ist die Reise die größte, die ich kenne, es ist die, die man erfunden hat, als man der anderen müde war. Ich halte sie für die Ruhe des Geistes und die Börse für verderblicher, als die des Weins oder des Spiels sein kann. Man langweilt sich bisweilen, aber man genießt auch maßlos. Der Anblick der Sphinx ist eine der schwindligsten Wollüste meines Lebens gewesen, und wenn ich mich da nicht getötet habe, so lag es daran, daß mein Pferd oder Gott es nicht geradezu wollten. Das Tote Meer hat mir auch mehr Freude gemacht, als ich nach seinem Namen "Totes Meer oder lac Asphaltite", den ich seit langem auf den Karten gelesen hatte, angenommen hätte.

Wir haben nicht nach Persien gehen können, leider! das Blutbad von Aleppo und die Erhebung der Provinz Bagdad haben uns daran gehindert. Wir wären unklug genug gewesen, uns zu beteiligen, wären wir dageblieben; wir haben selbst Syrien mit dem Gewehr in der Hand durchzogen. Niemand wollte uns auf den Berg Tabor führen, und wir haben zwei- oder dreimal Lärm gehabt, der hätte heiß werden können. Gott sei Dank, alles ist gut abgelaufen, obgleich all unsere Leute krank gewesen sind. Unser französischer Diener, den wir mitgenommen hatten, ist im Libanon fast am Fieber gestorben. Wir beide freilich sind unerschütterlich gewesen wie Felsen. Acht Monate lang haben wir ohne Unterbrechung von Reis, von harten Eiern, von unserer Jagd, das heißt von Turteltauben, und von klarem Wasser gelebt. In Syrien gleiche Diät, nur frischten wir den Leib in den Städten auf. Kleinasien und Rhodos sind in bezug auf den Schnabel weniger unwirtlich. In Griechenland haben wir ein wenig unter der Kälte gelitten. Wir sind tüchtig vom Regen und Schnee durchgespült. Eines Nachts haben wir uns im Kitheron verirrt, was uns Gelegenheit gab, Apollo und die neun Musen auszuschimpfen. Den Peloponnes haben wir in einem rauhen Moment durchzogen. Oft hatten wir beim Passieren der Flüsse das Wasser bis zum Nabel, und unsere Pferde schwammen unter uns. Von Patras haben wir uns nach Brindisi eingeschifft, und von Brindisi sind wir quer durch Kalabrien nach Neapel gezogen. Das, lieber alter Kerl, ist ungefähr, was wir gemacht haben. Was Ägypten angeht, so sind wir bis über den ersten Katarakt hinaufgestiegen, etwa achtzig Meilen jenseits des Wendekreises des Krebses, und wir haben einen Abstecher gemacht, um das Rote Meer zu sehen, eine Reise von zehn Tagen durch die Wüste, bei fünfzig Grad Reaumur Wärme und bei Ramsinwetter, sonst Samum benannt; in der Poesie ist er mörderisch. Wir haben da überall Dinge gesehen, mein Herr, die man in Paris selbst für Geld nicht zu sehen bekäme. O die Wüste! O die Wüste!

Eines Tages, wenn Du kommst, um Dir die Sohle Deiner Stiefel am Kamin zu braten, werde ich Dir meine Reiseeindrücke mitteilen können, die zwar nicht so aufschneiderisch sind wie die des Sieur Dumas, Dich aber deshalb vielleicht nicht minder amüsieren werden.

****

An Louis Bouilhet.

Rom, d. 9. April 1851.

Ich habe Dir von Patras aus einen sehr langen Brief geschrieben, in dem ich Dir von Deinen beiden GedichtenVesper und Corydon sprach; daher war ich sehr erstaunt, in dem kurzen Wort, das Maxime in Neapel von Dir erhalten hat, zu sehen, daß Du mich um meine Meinung befragst. Du hast diesen Brief aber erhalten müssen, es würde mich ärgern, wenn er verloren gegangen wäre.

Von Tag zu Tag habe ich in Neapel und, seit ich hier bin, in Rom einen Brief von Deinen Gnaden erwartet. Ich habe seit Athen, das heißt seit letztem Januar, keinen mehr erhalten. Das ist lange her, lieber Herr. Was wird denn aus Dir? Nun ist der Sommer da, armer alter Kerl; nächsten Juli, in zwei und einem halben Monat, nehmen wir unsere Sonntage wieder auf, unser Brüllen, unsere lieben gemeinsamen Unruhen. Du wirst Dich auf meiner Reisedecke ausstrecken, die noch voll Sand und Flöhen ist. Du wirst aus meinen langen Pfeifen rauchen und, wenn Du willst, das Leder meines Sattels beriechen.

Ich werde wahnsinnig vor " zügellosen" Gelüsten (ich schreibe das Wort und unterstreiche es). Ein Buch über die Sahara, das ich in Neapel gelesen habe, hat mir Lust gemacht, mit den Tuaregs, die das Gesicht wie die Frauen immer verschleiert tragen, in den Sudan zu ziehen, um die Neger- und Elefantenjagd zu sehen. Ich träume von Bajaderen, rasenden Tänzen und allem Farbengetöse. Wenn ich erst wieder in Croisset bin, werde ich mich wahrscheinlich in Indien- und in große Asienreisen vergraben. Ich werde die Fenster verstopfen und bei Kerzen leben. Ich habe das Bedürfnis poetischer Orgien. Was ich gesehen habe, hat mich anspruchsvoll gemacht.

Aber reden wir von Rom, gewiß wartest Du darauf. Nun, Alter, es tut mir leid, es gestehen zu müssen: mein erster Eindruck ist ungünstig gewesen. Ich habe wie ein Bürger eine Enttäuschung erlebt. Ich suchte das Rom Neros und gefunden habe ich nur das Sixtus' V. Die Priestermiene verseucht die Stadt der Cäsaren mit Langerweile. Das Jesuitengewand hat alles mit einem düsteren und seminaristischen Ton überzogen. Ich mochte mich peitschen und suchen, immerfort Kirchen, Kirchen und Klöster, lange Straßen, die weder genug bewohnt noch leer genug sind, große glatte Mauern an ihnen hin, und das Christentum so zahlreich und aufdringlich, daß das Antike, das mitten darunter fortbesteht, zermalmt und ertränkt wird.

Die Antike lebt fort in der unbebauten, öden, wie die Wüste verfluchten Campagna mit ihren großen Aquäduktresten und ihren Rinderherden mit den weitgeschweiften Hörnern. Das ist wahrhaft schön und von der schönen, erträumten Antike. Auf Rom selber bin ich in dieser Hinsicht noch nicht zurückgekommen; um damit wieder zu beginnen, warte ich, bis dieser erste Eindruck ein wenig verschwunden ist. Was sie aus dem Kolosseum gemacht haben, die Elenden! Mitten in den Kreis haben sie ein Kreuz gestellt, und rings um die Arena zwölf Kapellen! Aber an Gemälden, an Statuen, an sechzehntem Jahrhundert ist Rom das prachtvollste Museum der Welt. Die Menge von Meisterwerken in dieser Stadt – das ist betäubend. Es ist die Stadt der Künstler! Man kann hier sein Dasein in einer völlig idealen Atmosphäre, außerhalb der Welt darüber, verbringen. Ich bin erschreckt über Michelangelos Jüngstes Gericht. Das ist Goethe, Dante und Shakespeare in eine einzige Kunst verschmolzen; das hat keinen Namen, und das Wort ›erhaben‹ scheint mir armselig, denn mir scheint, es habe etwas Sprödes und zu Einfaches.

Ich habe eine Jungfrau Murillos gesehen, die mich wie eine beständige Halluzination verfolgt. Eine Entführung der Europa von Veronese, die mich ungeheuer aufregt, und noch zwei oder drei andere Dinge, von denen viel zu plaudern wäre. Ich bin jetzt vierzehn Tage in Rom. Ich werde Dir später ausführlicher darüber reden. Aber Griechenland hat mich in der antiken Kunst schwierig gemacht. Der Parthenon verdirbt mir die römische Kunst, die mir daneben schwerfällig und trivial erscheint. Ja, Griechenland ist schön.

Ah! armer alter Kerl, wie ich Dich in Pompeji herbeigesehnt habe! Ich schicke Dir Blumen, die ich in einem Lupanar gepflückt habe, auf dessen Schwelle sich ein Phallus erhob. In diesem Hause wuchsen mehr Blumen als in irgendeinem andern. Vielleicht hat der zu Boden gefallene antike Samen das Erdreich befruchtet. Die Sonne brannte auf den grauen Mauern.

Ich habe Puzzuoli, den Lukriner See, Bajä gesehen. Es sind irdische Paradiese; die Kaiser hatten Geschmack. Da bin ich in Melancholien zerschmolzen. Wie ein Tourist bin ich oben auf den Vesuv gestiegen, was mich sogar kreuzlahm gemacht hat. Der Krater ist merkwürdig. Der Schwefel ist an seinen Rändern in furchtbaren gelben und weinroten Gewächsen ausgewachsen. Ich bin in Paestum gewesen. Ich wollte nach Capri und wäre dabei beinahe – in den Fluten geblieben. Trotz meines Bootsmanntums glaubte ich, es sei mein letzter Moment. Ich gestehe, ich bin unruhig gewesen und habe sogar Angst gehabt, große Angst. Ich war zwei Spannen weit von meinem Verderben, wie Rom in den schlimmsten Tagen der punischen Kriege. Neapel ist wegen der Menge von Frauen dort entzückend. Ein ganzes Quartier ist von H... bewohnt, die in ihren Türen stehen; das ist antik und echt Suburra. Wenn man durch die Straße geht, heben sie die Röcke bis zu den Achselhöhlen und zeigen einem ihre F..., um zwei oder drei Soldi zu bekommen. Sie verfolgen einen in dieser Haltung. Das ist das Stärkste, was ich an Prostitution und Zynismus noch gesehen habe. Wir beide, Maxime am Ende der Straße, haben den Kopf auf die Brust sinken lassen und gestöhnt: "Der arme Bouilhet!!"

Nach Neapel muß man gehen, um sich in Jugend zu baden, um das Leben zu lieben. Selbst die Sonne ist da liebestoll. Alles ist da lustig und leicht. Die Pferde tragen Pfauenfederwedel an den Ohren. Die Chiaja ist ein großer Spaziergang immergrüner Eichen am Ufer des Meeres, Baumgewölbe und dahinter das Murmeln der Wellen. Maxime wirst Du in einem Monat sehen. Ich beneide ihn um die Umarmung, mit der er Dich grüßen wird, und um diese Blüte der Heimkehr, die ich Dir hätte reichen mögen. Blüte der Heimkehr ist ganz Sainte-Beuve. Ich denke Anfang Juni in Venedig zu sein und mache mir ein Fest draus. Ich werde in venetianischer Malerei schlemmen; ich bin in sie verliebt. Sie ist endgültig die, die mir am sympathischsten ist. Man sagt, es sind Materialisten; meinetwegen. Auf jeden Fall sind es Koloristen und grandiose Poeten.

Adieu, lieber Alter meines Herzens, ich umarme Dich.

****

An denselben.

Rom, d. 4. Mai 1851.

Übermorgen reise ich von Rom ab, und wieder eins! Ich begann, hier hübsch zu leben. Man kann sich hier eine ganz ideale Atmosphäre schaffen und abseits in Gemälden und Marmorn leben. Ich habe, so viel ich konnte, davon verschlungen. Was die Antike angeht, so ist man zunächst gekränkt, daß man sie hier nicht findet, und sicher ist sie beträchtlich erstickt. Wie sie Rom verdorben haben! Ich verstehe den Haß schon, den Gibbon gegen das Christentum empfand, als er eine Mönchsprozession im Kolosseum sah! Man brauchte Zeit, um sich das antike Rom im Kopf recht zu rekonstruieren, das vom Weihrauch all der Kirchen eingeschmutzt ist. Aber es gibt noch Quartiere, auf den Ufern des Tiber, alte Winkel voller Mist, wo man ein wenig atmet. Aber die schönen Straßen! Mein Herr! Aber die Fremden! aber die heilige Woche und die Via Condotti mit all ihren Rosenkränzen, all ihren falschen Kameen, all ihren Sankt Peters in Mosaik! Für die Touristen gibt es ganze Magazine voller Steine vom Forum, die für den Schreibtisch zu Briefbeschwerern zurechtgemacht sind. Man hat aus dem Marmor der Tempel Federhalter gemacht. All das fällt verteufelt auf die Nerven. Das ist der erste Eindruck, den Rom mir gemacht hat. Das Rom des sechzehnten Jahrhunderts ist wundervoll. Die Menge der Meisterwerke ist ebenso überraschend wie ihre Qualität. Was für Bilder! was für Bilder! Über einige habe ich Notizen gemacht. Ja, man könnte gut in Rom leben – aber in einer Straße des Volkes. – Durch Einsamkeit und Betrachtung stiege man hoch in historischer Melancholie. Gestern abend bin ich in Tibur gewesen. Ich kam vor der Stelle der Villa des Horaz vorüber; dort saßen vierzehn Herren und Damen auf Eseln.

Die Campagna ist prachtvoll, öde und trostlos, mit großen Aquädukten. Da ist einem wohl. Es tut mir leid, aber Sankt Peter langweilt mich. Das scheint mir eine des Ziels bare Kunst. Es ist eisig vor Pomp und Langerweile. So riesenhaft das Monument ist, es scheint klein. Die wahre Antike, die ich gesehen habe, beeinträchtigt die falsche. Man hat das für den Katholizismus erbaut, als er zu sterben begann, und nichts ist uninteressanter als ein neues Grab.

Mir ist das Griechische lieber, mir ist die Gotik lieber, mir ist die kleinste Moschee mit ihrem gleich einem lauten Schrei in die Luft geworfenen Minareh lieber. Wenn man im Vatikan spazieren geht, fühlt man sich dafür von Achtung für die Päpste durchdrungen. Was für Herren! Wie sie sich ihr Haus eingerichtet haben! Wenn Du mich fragst, was das Schönste ist, was ich in Rom gesehen habe – zunächst Michelangelos Sixtinische Kapelle. Das ist eine ungeheure Kunst, wie Goethe, mit mehr Leidenschaft. Mir scheint, Michelangelo ist etwas Unerhörtes, wie es ein Shakespearescher Homer wäre, eine Mischung aus Antike und Mittelalter, ich weiß nicht, was. Dann bleibt noch der Vatikanische Torso, ein nach vorn geneigter Mannestorso, ein Rücken mit all seinen Muskeln! Zwölf gute Tafeln in verschiedenen Galerien und der ganze Rest...

In die Jungfrau Murillos in der Galerie Corsini bin ich verliebt. Ihr Kopf verfolgt mich, und ihre Augen leuchten und schwinden vor mir wie tanzende Laternen. Adieu, Alter. Wenn Du kannst, schick mir so viel beschriebenes Papier wie möglich. Besonders jetzt, wo ich allein bin, wird mir das gut tun. Deine Briefe bilden auf der Reise einen Teil meiner Hygiene.